bhv PRAXIS

Unterwegs mit GPS, Kompass & Höhenmesser

2., überarbeitete Auflage

Detlef Ridder

bhv PRAXIS

Unterwegs mit GPS, Kompass & Höhenmesser

2., überarbeitete Auflage

Dieses Buch wurde der Umwelt zuliebe auf chlorfrei gebleichtem Papier gedruckt.

12 11 10 09 08

10 9 8 7 6 5 4 3 2 1

2. Auflage

ISBN 978-3-8266-7476-1

Printed in Germany

Inhalt

Einleitung

Oft ist die Reihenfolge, in der man sich Orientierungshilfen beschafft, durch steigende Ansprüche und zunehmendes Budget vorgegeben. In der Jugend muss irgendwann für die Wanderungen ein *einfacher Kompass* als Orientierungswerkzeug her. Später, wenn auch etwas mehr Geld verfügbar ist, wird vielleicht ein exakterer *Kompass mit Peilvorrichtung* angeschafft. Geht man in steilere Gebirge, dann merkt man, dass ein *Höhenmesser* oft viel sinnvoller für die Positionsbestimmung ist. Und schließlich als ultimatives Gerät, das auch bei Nebel eine exakte Positionsbestimmung ermöglicht, muss es heutzutage dann schließlich ein *GPS* sein. Für den Technik-Fan ist Letzteres natürlich ein fantastisches Gerät. Manchmal wird man aber auch hier feststellen, dass das GPS seine Grenzen hat, spätestens wenn die Batterien leer oder die Empfangsbedingungen schwierig sind. Wer sich in unbekanntes Gelände begibt, ist deshalb gut beraten, sich nicht nur auf ein einziges Gerät zu verlassen.

Mit einer irrigen Meinung sollte von vornherein Schluss gemacht werden: *Das Handy ist kein Orientierungsmittel.*

Man kann damit zwar fast überall Hilfe herbeirufen, aber das nutzt wenig, wenn man nicht beschreiben kann, wo man sich befindet. Im Urlaub vor drei Jahren habe ich erfahren, wie es Wanderern geht, die nur mit einem Handy ausgerüstet sind. Ein Wanderer verläuft sich in den Alpen im Nebel. Beim Klettern abseits des markierten Weges verstaucht er sich den Knöchel und ruft per Handy nach Hilfe. Die Position kann er leider nicht genau nennen. Über den Handy-Ruf kann zwar die Zelle des Funknetzes lokalisiert werden, aus der der Anruf kommt, aber diese Positionsbestimmung schließt einen sehr großen Geländebereich ein. Infolgedessen müssen ca. 40 Bergwachtleute aufbrechen, um die Gegend zu durchkämmen. Nach stundenlanger Suche wird der Wanderer nachts um 3 Uhr stark unterkühlt gefunden. Gegenüber den Kosten für die aufwendige Rettung hätte sich ein GPS schon gut bezahlt gemacht.

Die Motivation zu diesem Buch rührt einerseits daher, dass ich aus dem geschilderten Unglück die Konsequenz gezogen habe, nun auch selbst mein GPS stets mitzuführen und bei ungewissen Wetterlagen die Touren damit vorzubereiten. Probleme mit aufkommendem Nebel habe ich selber schon erlebt und in meinem Bekanntenkreis gibt es mehrere Fälle, wo Nebel eine lebensbedrohende Übernachtung bei Kälte im freien Gelände erzwang. Mit der neuesten nun eben auch erschwinglichen Technologie wären all diese Gefahren einfacher zu meistern gewesen, und das sollte einem einfach die ca. 150 € für ein einfaches GPS wert sein.

Als ich nach etwas Literatur auf diesem Gebiet suchte, war ich enttäuscht, weil die Bücher zum Thema Navigation und Orientierungshilfen oft voll gestopft sind mit abschreckenden Formeln. Ich selbst als Techniker hätte mich da schon durchgearbeitet, aber meine Frau betrachtet die Geografie und das Wandern eigentlich als ein Hobby und suchte nur nach einigen Erklärungen der wichtigsten Begriffe und ein paar Erläuterungen der Vorgehensweise bei der Benutzung der Geräte. Das war für mich dann der letzte Anstoß, ein praxisorientiertes Buch über die Benutzung von Kompass, Höhenmesser und GPS mit guter Bebilderung zu schreiben. Als ich einen Fernsehbericht über Geocaching, eine Art Schnitzeljagd mit Hochtechnologie-Ausrüstung, sah, stand auch der Entschluss fest, dieser spielerischen Variante des GPS-Gebrauchs in dem Buch noch Rechnung zu tragen.

War zu Beginn nur eine bebilderte Anleitung fürs GPS geplant, so hat sich im Laufe der Zeit gezeigt, dass auch die traditionellen Geräte *Kompass* (als Beispiel der *RECTA DS 56*) und *Höhenmesser* (als Beispiel der *THOMMEN CLASSIC*) besprochen werden sollten. Sie haben nämlich einen großen Vorteil: Sie funktionieren ohne Batterie!

Zum einfachen GPS-Gerät, das hier durch das *Geko 201* von *Garmin* vertreten ist, kamen dann auch noch das *eTrex VISTA HCx* und das *GPSmap 60CSx* von *Garmin* hinzu, weil einerseits die *eTrex*-Gerätefamilie sehr verbreitet ist, andererseits das *GPSmap* das Top-Modell von *Garmin* mit dem besten Empfangsteil darstellt. Beide Geräte sind die Spitzenmodelle ihrer Familien und besitzen einen integrierten barometrischen Höhenmesser und einen elektronischen Kompass.

Die Benutzung der Geräte wird natürlich durch die Verwendung geeigneter Kartensoftware erst wirklich komfortabel, nämlich dadurch, dass man daheim oder unterwegs Touren vorbereiten und die nötigen GPS-Weginformationen generieren kann. Es wird hier die Kartensoftware *magicmaps* benutzt, die für jedes Bundesland in 1 oder 2 CDs verfügbar ist. Wie alle anderen digitalen Kartensysteme verfügt auch dieses über eine integrierte Schnittstelle zu GPS-Geräten. Ferner wird zur Verarbeitung eingescannter Karten eine Demoversion der *GARtrip*-Software aus dem Internet verwendet. Und schließlich wird die Kartensoftware *TOPO DEUTSCHLAND* für das *VISTA HCx* und *GPSmap 60CSx* herangezogen, nicht nur um Routen vorzubereiten, sondern auch um Karten im Vektorformat im Maßstab 1:25000 auf das GPS-Gerät zu überspielen. Damit ist man dann unterwegs für die Routenplanung unabhängig vom Computer.

Die vorgestellten Geräte sind typisch für ihre Art. Ähnliche Geräte arbeiten mit entsprechend gestalteten Bedienmenüs und Vorgehensweisen. Es wurden für dieses Buch Geräte und Software-Pakete ausgewählt, die einerseits typisch sind, andererseits aber auch eine entsprechende Verbreitung besitzen. Damit soll vielen Lesern, die in dieses interessante Gebiet einsteigen oder ihr Wissen etwas vertiefen wollen, eine Grundlage gegeben werden für die effektive und sinnvolle Benutzung dieser modernen Technik.

Auf der beiliegenden CD finden Sie die Demoversion der Gartrip-Software sowie animierte Vorführungen der besprochenen Software.

1 Mit dem GPS unterwegs

Ziel des Kapitels

- Erste Schritte zur Benutzung des *Geko 201* von *Garmin* zur Orientierung im Gelände

Schritte zum Erfolg

- Gründe zur Auswahl der Modelle *Geko 201*, *eTrex VISTA HCx* und *GPSmap 60CSx* von *Garmin*
- Übersicht über die grundlegenden Bedienfunktionen beim *Geko 201*
- Position unterwegs bestimmen, Abgleich mit der Karte
- Richtungsbestimmung: GPS als Kompass
- Weitere Bewegungsdaten
- Einen Track aufnehmen

Warum *Geko 201, eTrex VISTA HCx* und *GPSmap 60CSx*?

Das *Geko 201* der Firma Garmin ist ein preiswertes und leichtes Gerät und wird deshalb von vielen als Einstiegsmodell für GPS-unterstützte Wanderungen verwendet. Es kann mit dem PC verbunden werden und bietet damit die Möglichkeit, mit geeigneter Kartensoftware Touren am PC vorzubereiten und zu planen. Das zweite Gerät der *Geko*-Serie *Geko 301* verfügt noch über einen elektronischen Kompass und einen barometrischen Höhenmesser, wie sie auch in den größeren GPS-Geräten integriert sind. Das *Geko 201* bietet genügend Speicherplatz auch für größere Unternehmungen und ist dennoch mit seinen AAA-Batterien sehr klein und handlich.

Die größeren Geräte *eTrex VISTA HCx* und *GPSmap 60CSx* zeichnen sich durch leistungsfähigere GPS-Empfänger und größere Speicherkapazitäten aus. Dadurch können auch Karten gespeichert werden und Tourenplanungen unterwegs angepasst werden. Vor allem bei Wanderungen im Wald zeigt sich die Leistungsfähigkeit der besseren Empfänger, die auch unter schlechten Empfangsbedingungen noch eine Navigation erlauben. In jeder Leistungsklasse – *Geko*, *eTrex* und *GPSmap* – gibt es auch Modelle mit barometrischem Höhenmesser und elektronischem Kompass. Farbdarstellung gibt es nur bei den *eTrex*- und *GPSmap*-Modellen.

Alle GPS-Geräte verwenden gleiche Begriffe und weisen sehr ähnliche Menüführungen auf. Das Buch beginnt mit der Darstellung der typischen Bedienschritte am Beispiel des *Geko 201*. Die abweichenden Menüführungen und zusätzlichen Möglichkeiten der größeren Geräte werden dann im Kapitel 11 erläutert.

Einige technische Daten der Geräte *Geko 201*, *eTrex VISTA HCx* und *GPSmap 60CSx*:

- ⇨ Koordinatenbezugssysteme: über 100 zzgl. benutzerdefiniertes
- ⇨ Wassergeschützt nach IPX7-Standard
- ⇨ Maximale Punktanzahl im aktuellen Track: 10000
- ⇨ Maximale Punktanzahl im gespeicherten Track: 500

	Geko 201	eTrex VISTA HCx	GPSmap 60CSx
Anzeige	Schwarz-weiß	Farbe	Farbe
Gewicht	88 g	156 g	213 g
Wegpunkte	500	1000	1000
Routen	20	50	50
mit Wegpunkten	125	250	250
Tracks speicherbar	10	20	20
Barometrischer Höhenmesser	-	ja	ja
Elektronischer Kompass	-	ja	ja
Kartendarstellung	-	ja	Ja
Elektronischer Kompass	-	ja	ja
Kartendarstellung	-	ja	ja
Kartenspeicher	-	Zubehör	ja
Empfänger	PhaseTrac12	High Sensitivity Receiver (Hochempfindlicher Empfänger, deshalb H-Serie)	SiRFstarIII
Externe Antenne	-	-	Zubehör
Serielle Schnittstelle	-	-	Für NMEA Daten
Batterien	AAA	AA	AA

Die in diesem Buch benutzte Kartensoftware *TOP50* des Bayerischen Landesvermessungsamts liefert auch ein Hilfsprogramm zum Übertragen von GPS-Daten für *Garmin*-Geräte mit. Dies war auch ein Grund für die Auswahl der Marke *Garmin*.

Batterien nicht vergessen

Als erste Aktion zur Inbetriebnahme sind die Batterien einzusetzen, wie es in Abbildung 1.1 gezeigt wird. Dazu genügt es, die untere Lasche der Abdeckung etwas mit dem Fingernagel anzuheben und den Deckel dann auszuhebeln. Die Batterien werden mit der gezeigten Polung eingesetzt. Wegen der geringen Geräteabmessungen kommen beim *Geko* die kleinen Batterien des Typs AAA zum Einsatz. Die Batterien müssen während des Einsatzes viel leisten, denn das GPS-Gerät sollte sinnvollerweise auch ständig eingeschaltet sein, wenn Sie den Weg zurückverfolgen wollen oder müssen.

Wenn man ein GPS ernsthaft einsetzt und gegebenenfalls auch für Notfälle braucht, um beispielsweise bei Nebel in den Bergen den Rückweg zu finden, spielt die Zuverlässigkeit eine wichtige Rolle. Eine lückenhafte Wegaufzeichnung nutzt im Ernstfall nichts. Damit die GPS-Geräte immer einsatzbereit sind, müssen jederzeit Batterien verfügbar sein. Deshalb der Tipp: Nehmen Sie für jede Tour einen frischen Satz Batterien mit und noch einen weiteren als Reserve. Sparen Sie nicht an den Batterien, verwenden Sie keine Billigbatterien oder alte, zu lange gelagerte Batterien. Was nützt es, wenn Sie auf einer Tour dann merken, dass irgendwo während einer Wanderung die Batterien ausgefallen sind? Sie können diesen Weg nicht mehr zurückverfolgen. Davon kann in den Bergen bei schlechten Wetterbedingungen Ihr Wohlergehen abhängen.

TIPP

Verwenden Sie möglichst frische Batterien und nehmen Sie für jede Tour Ersatzbatterien mit.

Abb. 1.1: Geko-Batteriefach

Bedienfunktionen des *Geko 201* von Garmin

Mit dem *Geko 201* bekommen Sie ein kleines Anleitungsbuch, das Sie in die grundlegende Bedienung einführt. Damit werden Sie nach einiger Lektüre auch Ihre ersten Erfahrungen mit der GPS-Technik machen können. Alle typischen Handhabungen werden dort in Kürze beschrieben. In diesem und den folgenden Kapiteln sollen nun die nützlichen Bedienfolgen anhand von praktischen Beispielen ausführlich erläutert werden. Es werden immer kleine Beispiele zum Nachahmen vorgeführt.

Eines ist beim Ausprobieren eines GPS-Geräts unumgänglich: Sie müssen hinaus in die Natur. Am grünen Tisch lässt sich nichts probieren. Zu Hause oder in der Wohnung reicht einfach die Empfangsstärke nicht aus, weil die Wände und das Dach die Signale der Satelliten zu stark abschirmen. Höchstens unterm Dachfenster haben Sie die Chance, vom Schreibtisch aus GPS-Empfang zu bekommen. Die Beispiele in diesem Buch wurden natürlich in meiner heimatlichen Umgebung Münchens gewählt, da ich sie ja in der Natur ausprobieren musste. Sie sollten sich zum Üben einfach entsprechende Touren in Ihrer Umgebung aussuchen, oder … kommen Sie doch einfach mal nach Bayern. Und wandern Sie dort ein bisschen.

Abb. 1.2: Geko 201 mit Anleitung

Da die Bedienung des GPS wie bei vielen modernen Geräten über strukturierte Menüseiten erfolgt, zwischen denen Sie hin- und herblättern müssen, besteht oft der Wunsch, diese Menüseiten einmal im Zusammenhang und in der Bedienreihenfolge zu sehen, um dann die Bedienfunktionen besser zu verstehen. Dies wird nun im vorliegenden Buch ausführlich getan. Bei allen Bedien- und Tastenfolgen werden Sie Übersichten finden, die Ihnen die Reihenfolge der durchlaufenen Menüseiten zeigen. Damit soll Ihnen die Logik der Bedienung transparenter und leichter verständlich gemacht werden.

Das Geko einschalten

Zunächst wird Ihnen auffallen, dass es nur wenige Bedienknöpfe beim Gerät gibt. Ganz rechts liegt der Knopf zum Ein- und Ausschalten. Ein kurzer Druck mit der Fingerkuppe reicht aus, um das Gerät einzuschalten. Bitte verwenden Sie keinen Kugelschreiber oder Bleistift, um diesen Knopf eventuell tiefer hereinzudrücken. Damit können Sie den Gummiknopf leicht verkanten, so dass er auf Dauer eingeschaltet bleibt.

Bei eingeschaltetem Gerät kann mit einem weiteren kurzen Druck die Anzeigebeleuchtung ein- und wieder ausgeschaltet werden. Sie ist normalerweise auf eine Leuchtdauer von maximal 15 Sekunden eingestellt.

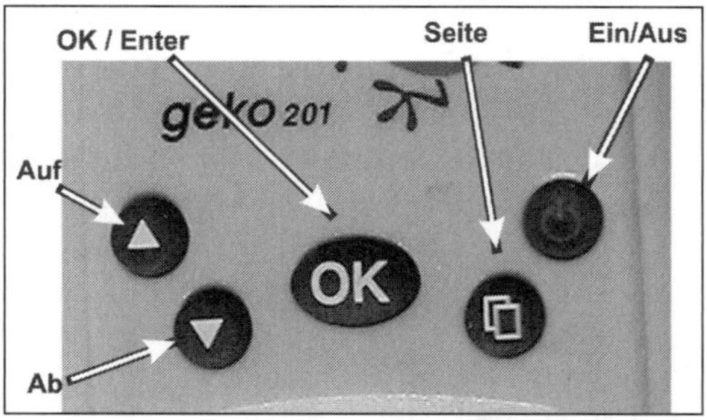

Abb. 1.3: Bedienknöpfe: *Auf/Ab, OK, Seitenwechsel* und *Ein/Aus*

Mit einem langen Druck können Sie das Gerät abschalten. Beim Abschalten gehen keine Daten verloren, die bis dahin gespeichert wurden, weshalb es zum Sparen von Batteriestrom sehr empfohlen ist, bei Nichtgebrauch oft auszuschalten.

Schaltfunktionen für *Einschaltknopf*:

- *EIN*: Kurzer Druck bei ausgeschaltetem Gerät.
- *AUS*: Langer Druck bei eingeschaltetem Gerät.
- *Beleuchtung AN*: Kurzer Druck bei eingeschaltetem Gerät.
- *Beleuchtung AUS*: Entweder automatisch nach 15 Sekunden (andere Leuchtdauer ist einstellbar) oder manuell mit kurzem Druck bei eingeschalteter Beleuchtung.

Die weiteren Knöpfe haben folgende Funktionen:

- *Seitenwechsel*: Links neben dem Einschaltknopf liegt der Knopf für den Seitenwechsel. Damit schalten Sie zwischen den Seiten hin und her. Damit beenden Sie aber auch sonstige Menüwahlen und kehren zum vorherigen Menü zurück.
- *OK-Knopf*: In der Mitte liegt der breite OK-Knopf. Damit schalten Sie zu den Untermenüs der einzelnen Seiten um und bestätigen angewählte Menü-Optionen. Der OK-Knopf hat noch eine Sonderfunktion: Bei einem langen Druck erscheint eine Seite zum Speichern des aktuellen Wegpunktes. Gespeicherte Wegpunkte können später als Ziel zum Navigieren verwendet werden oder zu einer Route zusammengestellt werden.

⇨ *Auf/Ab*: Ganz links liegen die Knöpfe mit den Pfeilen, die zum Auf- und Abblättern zwischen Menü-Optionen dienen. Außerdem wird damit bei Darstellungen Ihrer Wegpfade auch gezoomt, das heißt, der Kartenausschnitt wird vergrößert und verkleinert und damit der Maßstab verändert.

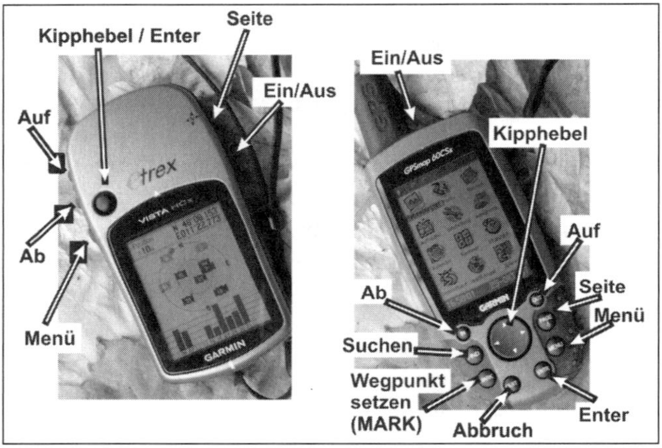

Abb. 1.4: Bedienelemente bei *eTrex*- und *GPSmap*-Geräten

Beim *eTrex-Gerät* gibt es als zusätzliches Bedienelement den *Kipphebel*, um durch die Menüs zu navigieren und den Zeiger auf der Kartenseite zu bewegen. Mit einem kurzen Druck darauf werden Eingaben bestätigt. Das entspricht der *Enter*-Taste auf einer normalen Tastatur. Mit einem langen Druck auf den Kipphebel wird die aktuelle Position als *Wegpunkt* gespeichert.

Beim *GPSmap* kommen weitere Tasten zur Vereinfachung der Bedienung hinzu:

⇨ *FIND*: Diese Taste verzweigt direkt in eine Menüseite mit zahlreichen Suchfunktionen.

⇨ *MARK*: Mit einem Druck auf diese Taste wird die aktuelle Position als Wegpunkt gespeichert. Ein langer Druck startet die in der Schifffahrt wichtige MOB-Funktion (Man Over Board), die spontan die aktuelle Position speichert und in den Navigationsmodus schaltet, um die Person zu retten.

⇨ *QUIT*: Sie können hiermit eine Funktion ohne Änderung verlassen und die Seiten rückwärts durchblättern.

Die Hauptseiten

Schalten Sie nun das GPS ein, um die Hauptseiten des Geräts kennen zu lernen. Je nach Konfiguration des Geräts kann zuerst eine Begrüßungsseite für einige Sekunden erscheinen.

Gleich nach dem Einschalten sucht jedes GPS sofort nach den Satelliten. Im Display erscheint oben die Meldung SUCHE SAT. Nun sollten Sie im Freien sein, damit Satellitenempfang möglich ist. Sonst bekommen Sie eine frustrierte Meldung des Geräts, das dann fragt, ob Sie in einem Gebäude stehen bzw. die Abschaltung der GPS-Funktion anbietet. Nach der Beantwortung mit Ja schaltet das Gerät dann seine GPS-Funktion ab.

Im Freien, auf einem Balkon oder auch unterm Dachfenster bekommt das Gerät nach einigen Sekunden Empfangskontakt mit den Satelliten. Zuerst wird Ihnen die Meldung WARTEN EMPFÄNGT SATELLITEN angezeigt. Unten erscheint auf einem Skalenbalken die Empfangsstärke. Nach einigen Sekunden läuft die Anzeige der Signalstärke hoch und es erscheint die Meldung BEREIT ZU NAVIG. GENAUIGKEIT .. M. Nun können Sie mit dem Gerät Positionsbestimmungen mit der angezeigten Genauigkeit vornehmen.

Wenn mindestens vier Satelliten empfangen werden, sehen Sie beim *Geko* unten und beim *GPSmap* oben neben der Batterieanzeige den Text 3D. Damit wird angedeutet, dass Sie nicht nur die Position, sondern auch die Höhe bestimmen können.

Für die Satellitenseite gibt es beim *Geko* noch eine andere, detaillierte Darstellung. In Abbildung 1.6 wird gezeigt, wie Sie diese Option einstellen. Drücken Sie die *OK*-Taste, wechseln Sie mit den *Auf/Ab*-Tasten zur Option SAT-DARST POSITIONEN und drücken Sie wiederholt *OK*. Sie sehen dann eine Darstellung, die die aktiven Satelliten mit ihrer jeweiligen Empfangsstärke anzeigt. Auch die Positionen der Satelliten werden angedeutet. Der äußere Kreis der Darstellung entspricht dem Horizont, der innere der 45°-Richtung, der Mittelpunkt dem Zenit. Damit können Sie die Positionen der Satelliten am Himmel abschätzen.

Diese Darstellung der Satellitenpositionen kann wahlweise mit der Marschrichtung mitgedreht werden oder mit Richtung Norden am oberen Rand der Anzeige dargestellt werden. Dazu wählen Sie im Menü die Optionen `SAT-DARST KURSORIENT` oder `SAT-DARST NORD-ORIENT`.

Auf der gleichen Seite finden Sie auch eine Option zur Einstellung des Anzeigekontrasts. Bewegen Sie sich auf `ANZEIGEN-EINSTELLUNG` und drücken Sie *OK*. Nun können Sie oben mit *OK* auf `BLEIBT AN` die Beleuchtungsdauer für das Display zwischen 15 Sekunden und 2 Minuten einstellen. Wählen Sie mit den *Auf/Ab*-Tasten die Zeitspanne und beenden Sie mit *OK*. Zur Kontrasteinstellung kommen Sie dann mit der *Ab*-Taste. Mit *OK* ermöglichen Sie die Einstellung und variieren den Kontrast mit den *Auf/Ab*-Tasten. Akzeptieren Sie die Einstellung mit *OK*, und durch Drücken der Taste *Seitenwechsel* kehren Sie zur Satellitenseite zurück.

Bei *eTrex* und *GPSmap* reicht ein kurzer Druck auf den *Ein/Aus*-Knopf, damit Sie mit dem *Kipphebel* den Anzeigekontrast einstellen können: Mit einem kurzen Druck auf dem *Kipphebel* bzw. mit *ENTER* wird der Wert übernommen.

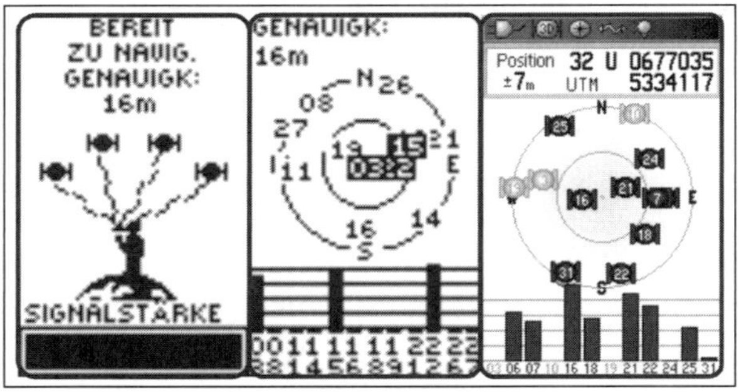

Abb. 1.5: Zwei Kompassdarstellungen beim *Geko* und die Kompassseite vom *GPSmap*

Mit der Taste zum Seitenwechsel, auch *PAGE* genannt, können Sie durch die Hauptseiten des Gerätes blättern. Diese Taste ist aber auch dafür gedacht, um Eingaben durch Wechsel ins davor liegende Menü zu beenden. In Abbildung 1.6 sehen Sie die Reihenfolge der Hauptseiten beim *Geko*: Satelliten, Karte, Navigation, Tripcomputer und Menü. Nach dem Weiterblättern auf der letzten Menüseite erscheint wieder die erste Seite. So können Sie also über zyklisches Durchblättern immer wieder auf jede beliebige Seite kommen.

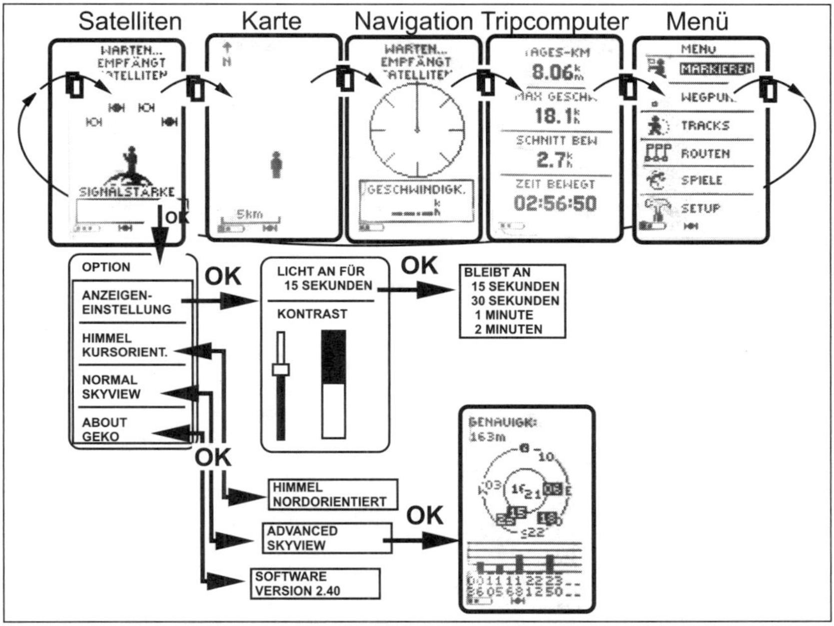

Abb. 1.6: Die Hauptseiten des *Geko 201*

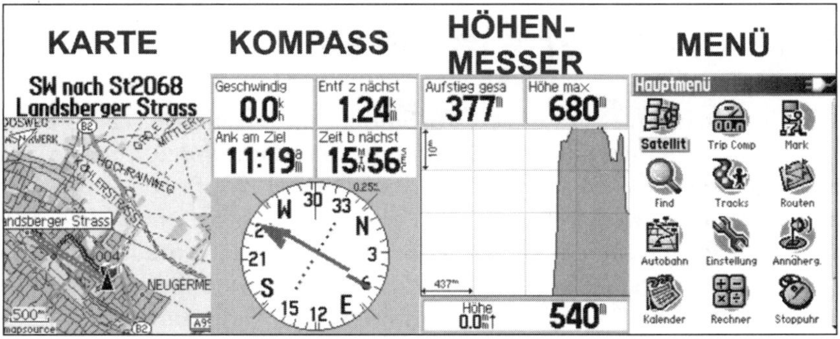

Abb. 1.7: Hauptseiten beim *eTrex VISTA HCx*

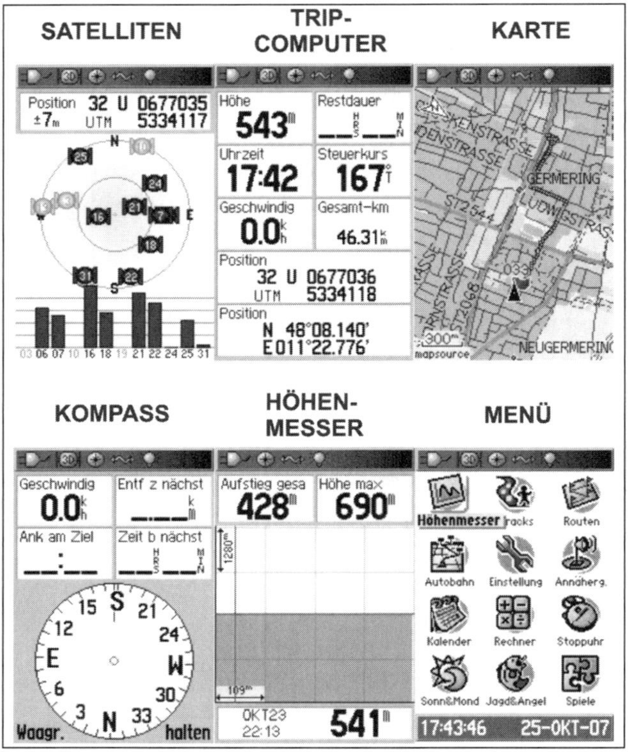

Abb. 1.8: Hauptseiten beim *GPSmap 60CSx*

Wie arbeitet ein GPS?

Über uns kreisen ständig 24 GPS-Satelliten. Sie sind auf sechs Bahnen verteilt, die jeweils um 60 Grad versetzt sind und zur Ebene des Äquators einen Winkel von 55° bilden. Die Umlaufzeit beträgt fast zwölf Stunden, wodurch sich die Bahnen jeden Tag etwa ein Grad nach Westen verschieben. Auf jeder Bahn sind vier Satelliten unterwegs. Wenn das GPS-Gerät mindestens drei Satelliten empfängt, kann es Ihre Position aus den empfangenen Signalen berechnen. Werden mindestens vier Satelliten empfangen, dann kann auch die Höhe ermittelt werden. Im *Geko 201* sehen Sie dann die Anzeige 3D unten in der Satelliten-Seite.

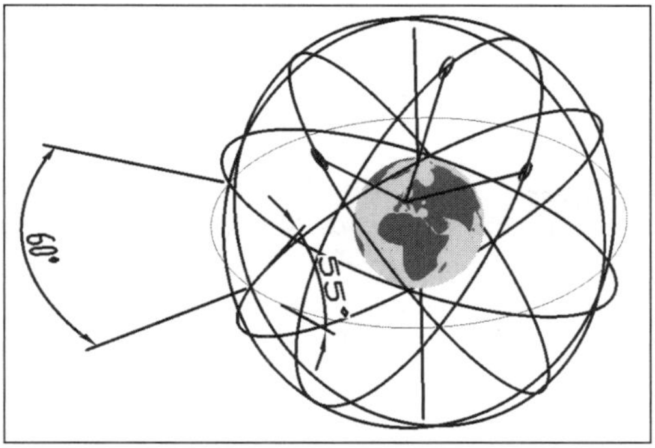

Abb. 1.9: Bahnen der GPS-Satelliten

In Abbildung 1.9 werden alle Satellitenbahnen gezeigt, sowie drei Satelliten, die in Europa gerade empfangen werden können. Diese Konstellation würde für eine Positionsbestimmung ausreichen. Im Normalfall können aber noch weitere Satelliten empfangen werden. Wie viele Satelliten im konkreten Fall empfangen werden, hängt von der momentanen Lage der Bahnen und Satelliten, aber auch von Hindernissen in Ihrer Umgebung ab, die einzelne Satelliten abschirmen. Berge oder Gebäude schirmen die Satelliten ab, die gerade in der Nähe des Horizonts stehen. Auch dichter Waldbestand kann Satelliten abschirmen.

TIPP

Je mehr Satelliten Sie empfangen, desto genauer wird Ihre Position bestimmt. Häuser, dichter Baumbestand oder Felswände können Satelliten abschirmen und führen zu Ungenauigkeiten in der Positionsbestimmung.

Wo bin ich? Und der Vergleich mit der Karte

Sobald Sie das GPS eingeschaltet und Satelliten empfangen haben, können Sie eine erste Positionsbestimmung vornehmen. In der Schule lernt man, dass sich eine geografische Position über den Längengrad und Breitengrad angeben lässt. Wie war das nun?

Die geografischen Längengrade sind Halbkreise, die sich vom Nordpol zum Südpol erstrecken. Sie werden auch als Meridiane bezeichnet. Auf der Weltkugel wurde ein bestimmter Längengrad, nämlich derjenige, der durch die ehemalige Sternwarte im englischen Greenwich läuft, als Nullmeridian oder Längengrad 0° festgelegt. Dies ist die dicke schwarze Markierung auf Abbildung 1.10, die vom Nordpol – oberes Ende der Globusachse – zum Südpol läuft – unteres Ende der Achse. Von diesem Längengrad zählen die Längen nach Osten von 0° bis 180° und nach Westen entsprechend von 0° bis 180°. In Abbildung 1.10 sind die Gradzahlen für einige Längengrade in 10er-Schritten auf grauen Markierungen notiert. Die Breitengrade zählen vom Äquator aus nach Norden und Süden, jeweils von 0° – dem Äquator – bis 90° – dem jeweiligen Pol. Die Lage der einzelnen Breitengrade wurde ebenfalls in 10er-Schritten in der Abbildung mit hellen Markierungen angedeutet.

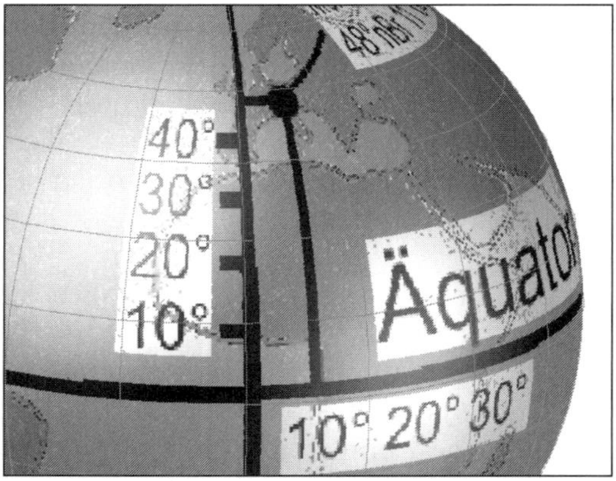

Abb. 1.10: Breiten- und Längengrade

Eine geografische Position lässt sich nun eindeutig über die Gradzahlen für Länge und Breite angeben. Auf dem Globus (Abbildung 1.10) wurde dies für die Stadt München einmal markiert. Die Entfernung vom Äquator nach Norden beträgt 48°. Das wird dann korrekt als *48° nördlicher Breite* bezeichnet. Die Gradzahl lässt sich an der Breitengradeinteilung, die auf hellem Untergrund angebracht ist, ungefähr ablesen, wenn man auf dem Breitengrad bleibend zur Markierung herüberläuft. Entsprechend erhält man den Längengrad, wenn man auf dem Längengrad bleibend bis zum Äquator herunterfährt, an dem die Längenmarken angebracht sind. Man kann die Positionen natürlich noch genauer angeben, denn ein Grad ist weiter unterteilt in 60 Minuten, eine Minute noch weiter in 60 Sekunden, aber im Moment interessieren nur die prinzipiellen Zusammenhänge.

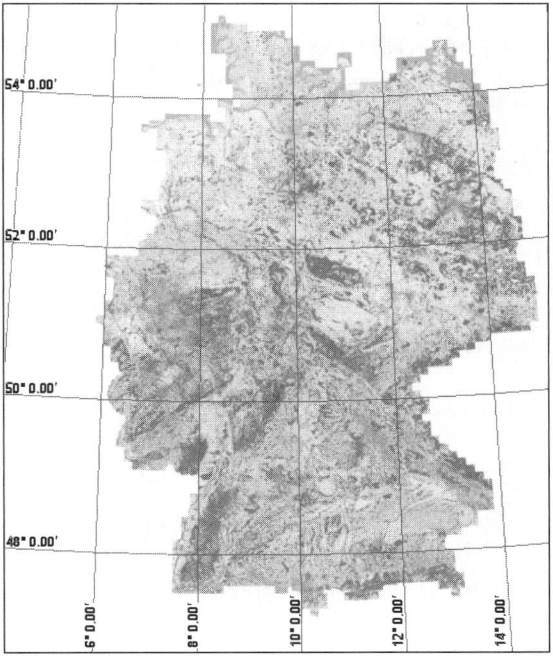

Abb. 1.11: Deutschland mit Längen- und Breitengraden (©MagicMaps GmbH, ©Bundesamt f. Kartographie u. Geodäsie)

Die Abbildung 1.11 zeigt gut, in welchen Grenzen Deutschland von den Breiten- und Längengraden her liegt. Die Ost-West-Ausdehnung geht von ca. 6° ö.L. bis ca. 15° ö.L., die Nord-Süd-Ausdehnung von ca. 47° n.Br. bis ca. 55° n.Br.

In den Karten und bei den GPS-Systemen sind aber auch noch andere Koordinatensysteme üblich, die insbesondere die Abweichung der Erde von der Kugelform berücksichtigen und auch die Verzerrungen, die entstehen, wenn man die gewölbte Oberfläche der Erde auf eine ebene Landkarte abwickelt. Wer an den theoretischen

Hintergründen dazu interessiert ist, findet mehr im nächsten etwas theoretischen Abschnitt. An dieser Stelle soll nun gezeigt werden, wie Sie das GPS so einstellen können, dass Sie mit den gewohnten oder von der Schule her bekannten Koordinaten arbeiten können.

Dazu blättern Sie mit der Taste *Seitenwechsel* bis zur `Menü-Seite` und gehen mit der *Auf/Ab*-Taste zu `SETUP`. Mit *OK* geht es zu den `SETUP`-Optionen und dort mit *Auf/Ab*-Taste zu `EINHEITEN`. Weiter aktivieren Sie mit *OK* die EINHEITEN-Optionen und stellen unter `POSITIONSFRMT` dann ein: `H D°M.M'` sowie unter `KARTENDATUM` den Wert `Potsdam`.

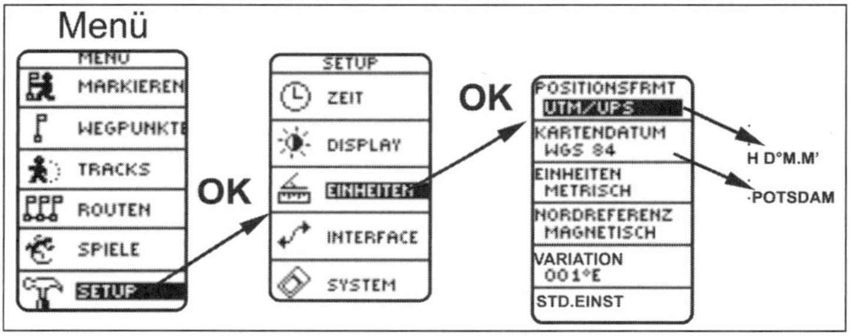

Abb. 1.12: Einstellung des normalen geografischen Koordinatensystems

Mit der Taste *Seitenwechsel* geht es dann wieder zurück bis zur Seite `Navigation`. Dort finden Sie unten die Anzeige `GESCHWINDIGK.`. Mit der *Auf/Ab-Taste* wechseln Sie zu `POSITION`.

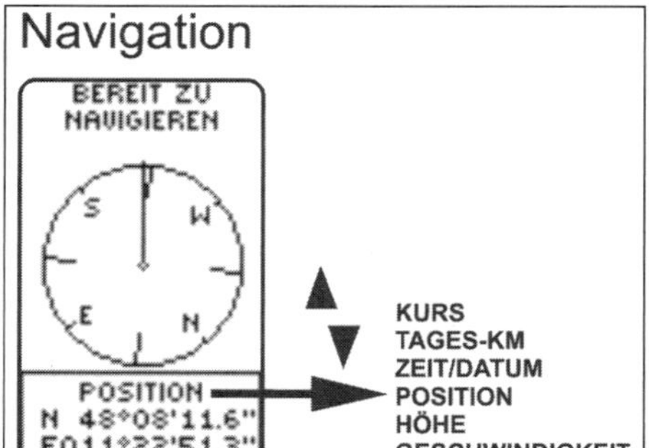

Abb. 1.13: Anzeige der geografischen Position

An dieser Stelle soll nun ein Vergleich mit der Karte gezeigt werden. Dafür wird hier ein neues interaktives Kartenwerk der Firma *ma-*

gicmaps verwendet, das auf topografischen Karten der Landesvermessungsämter im Maßstab 1:25000 basiert. Es gibt sie für alle Bundesländer, teilweise auf ein oder zwei DVDs, die auch einzeln erworben werden können. Für Bayern gibt es die DVDs *Bayern 3D DVD 1 Nord* und *Bayern 3D DVD 2 Süd*. Sie enthalten eine geografische Datenbank mit folgenden Ansichten:

- *2D-Ansicht*: Sie können hier Ausschnitte beliebig vergrößert herauszoomen, um Ihre Positionen zu finden und Wanderungen zu planen. Wenn Sie den grünen Knopf *Gesamtansicht* anklicken, sehen Sie eine Übersichtskarte von Deutschland. Mit dem *Mausrad* können Sie Details vergrößern. Auch nach Klick auf das *Lupenwerkzeug* mit dem Pluszeichen können Sie durch sukzessives Klicken auf die gewünschte Kartenposition vergrößern.
- *3D-Ansicht*: Sie können eine dreidimensionale und perspektivische Darstellung zur Beurteilung der Höhenlagen erzeugen. Mit dem vorletzten Werkzeug im 2D-Fenster können Sie die dortige Position ins 3D-Fenster übertragen.

Nach Installation starten Sie das Kartenwerk mit einem Klick oder Doppelklick auf das *magicmaps*-Logo auf Ihrem Bildschirm. Zum Aufsuchen einer gegebenen Position können Sie in der Haupt-Werkzeugleiste den *Feldstecher*, das *Suchwerkzeug*, anklicken. Im *Suchen*-Fenster gibt es das Register *Koordinaten*, um eine geografische Position einzugeben. Mit der Schaltfläche *Koordinaten anzeigen* können Sie die 2D- und 3D-Kartenansicht auf diesen Punkt zentrieren.

Voraussetzung für eine erfolgreiche Positionsbestimmung ist auch hier, dass das richtige geografische Koordinatensystem eingestellt ist. Damit Sie die Position in der oben genannten Art und Weise eingeben können, muss unter `Fenster – Einstellungen` im Register *Koordinaten* bei *Koordinatensystem:* `Geografisch` und `Grad Minute Sekunde` eingestellt sein.

TIPP

Zur Anzeige altbekannter geografischer Koordinaten schalten Sie auf der Menüseite ein: `SETUP > EINHEITEN > POSITIONSFRMT: H D°M.M'` und `KARTENDATUM: POTSDAM`.

Abb. 1.14: 3D- und 2D-Karte in *magicmaps Bayern 3D*
(©MagicMaps GmbH, ©Bundesamt f. Kartographie u. Geodäsie)

Für Bayern gibt es auch ein Kartenwerk auf DVD direkt vom Bayerischen Landesvermessungsamt, das unter der Bezeichnung *Top50* über den Buchhandel erhältlich ist. Es enthält eine geografische Datenbank mit verschiedenen Maßstäben von 1:4,3 Millionen bis 1:50000. Auch hier gibt es 3D-Darstellungsmöglichkeiten und Flugsimulation. Auch für Österreich und die Schweiz gibt es entsprechende Anschlusskarten auf CD-ROM. Für die gesamte Bundesrepublik ist das Kartenwerk TOP200 mit topologischen Karten im Maßstab 1:200000 erschienen: *http://www.bkg.bund.de*.

Beim Deutschen Alpenverein ist ebenfalls eine digitale Sammlung der eigenen Karten auf DVD erschienen. Darauf können Sie die bekannten Wanderwege suchen. Skitouren werden als fertige Tracks fürs GPS angeboten. Alle diese Kartenwerke haben Module zur Datenübertragung mit GARMIN-GPS-Geräten. Damit können Sie Routen mit den Karten planen und ins GPS übertragen oder aufgenommene Tracks vom GPS in die Karten eingeben.

Theorie zum Thema Koordinatensystem und Kartendatum

Die verschiedenen Landkartensysteme haben etwas damit zu tun, dass es eben schwierig ist, eine gewölbte Oberfläche in eine ebene Landkartendarstellung zu transformieren. Eine international immer mehr in den Vordergrund drängende Methode ist dabei das UTM-Gitter. UTM ist die Abkürzung für *Universal Transverse Mercator-Projection*. Dabei wird der Globus in 60 Segmente mit jeweils 6° Breite zerschnitten, die dann in die Ebene abgewickelt werden. Es entstehen Facetten, die 8° hoch sind. Das ganze Gitter ist in Abbildung 1.16 dargestellt. Die Facetten werden in der dort gezeigten Weise durchnummeriert. Die Facette, die fast ganz Deutschland abdeckt, trägt die Bezeichnung U32.

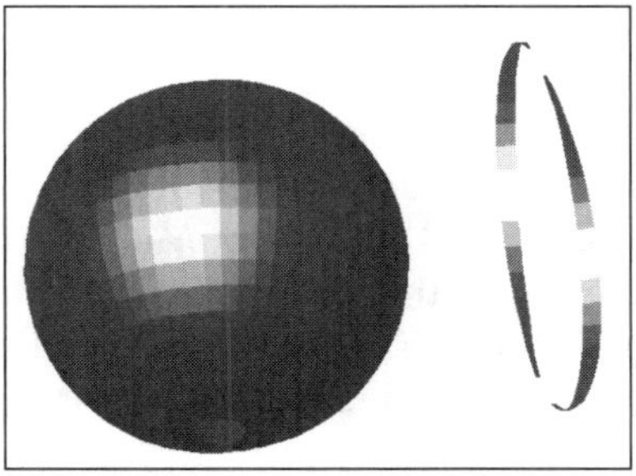

Abb. 1.15: Aufteilung der Erde in 60 Streifen von je 6° Breite

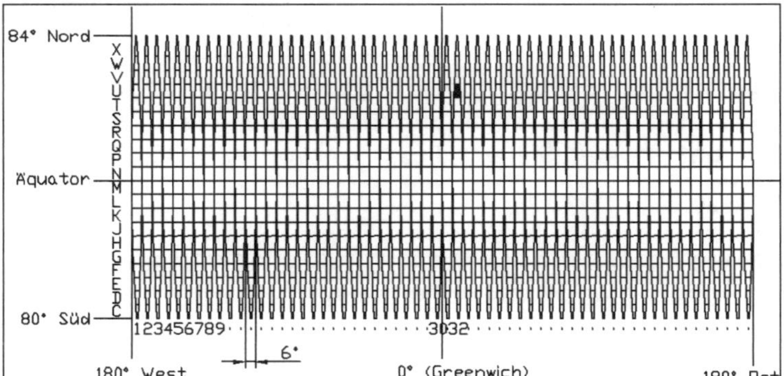

Abb. 1.16: Das UTM-Gitter mit der Facette U32 für Deutschland

Rechnet man mit einem Erdumfang von ca. 40.000 km, so ergibt sich am Äquator eine Streifenbreite von 40.000/60 km = 667 km. Innerhalb jeder Facette wird eine Position in der waagerechten Richtung vom Mittelmeridian in Metern berechnet. Dadurch würden sich nach Westen negative und nach Osten positive Zahlen im Bereich von -333.000 bis +333.000 ergeben. Um nur mit positiven Zahlen arbeiten zu müssen, wird dann 500.000 dazuaddiert. Das ist aus Gründen der Übertragungssicherheit besser, weil sonst ein »verschlucktes« Minuszeichen fatale Folgen hätte. Eine Position in 10 km Entfernung links vom Mittelmeridian einer Facette hätte dann die waagerechte Koordinate von 500.000-10.000 = 490.000.

In der vertikalen Richtung wird die Entfernung in Metern vom Äquator gemessen. Nördliche Entfernungen wären damit positiv von 0 am Äquator bis ca. 10.000.000 am Nordpol, südliche dann negativ von 0 am Äquator bis ca. -10.000.000 am Südpol. Damit auch hier nur positive Zahlen vorkommen, wird nun für die südlichen Positionen 10.000.000 hinzuaddiert. Sie laufen dann von 10.000.000 am Äquator bis ca. 0 am Südpol. Dadurch haben nördliche und südliche Koordinaten also immer positive Werte, sind aber nicht mehr eindeutig zuzuordnen. Eindeutig ist eine Koordinate dann nur durch die zusätzliche Angabe Nord oder Süd. Meist wird zur UTM-Koordinatenangabe die Bezeichnung der UTM-Facette angegeben. Da alle Facetten mit Buchstaben N bis X im Norden liegen, ist dann keine zusätzliche Nord/Süd-Spezifikation mehr nötig.

Abbildung 1.17 zeigt eine solche UTM-Koordinatenanzeige im *Geko 201*. Zuerst ist über `32 U` zu erkennen, dass es sich um die Facette U32 handelt, die sich um den Längengrad 9° östlicher Lange (ö.L.) erstreckt und auf der Nordhalbkugel liegt.

Die obere Zahl 0677035 gibt die geografische Länge an. Da der Meridian in der Mitte eines Streifens immer die UTM-Koordinate 500000 hat, müssen Sie erst diese Zahl von 677035 abziehen:

```
677.035-500.000 = 177.035
```

Dies besagt, dass die aktuelle Position 177 km und 35 m östlich von diesem Längengrad 9° ö.L. entfernt liegt.

Als Formel:

```
UTM-Längenkoordinate – 500.000 = Abstand vom Mittelmeridian in
Metern
```

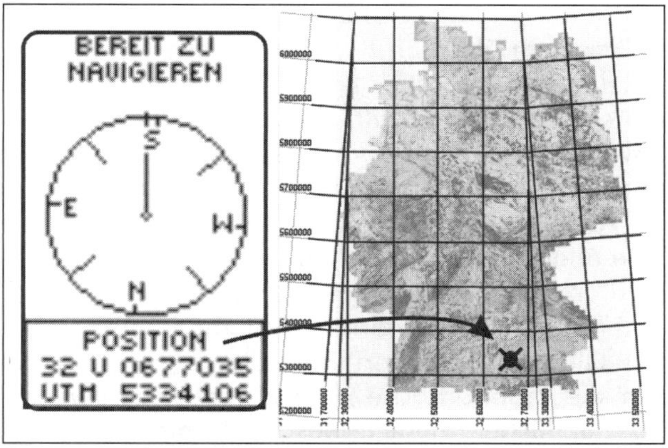

Abb. 1.17: Koordinatenanzeige nach UTM
(©MagicMaps GmbH, ©Bundesamt f. Kartographie u. Geodäsie)

Damit haben Sie dann die Entfernung in östlicher Richtung in Metern. Für eine Position westlich vom Meridian würde sich bei dieser Rechnung eine negative Entfernung ergeben.

Die Zahl 5334106 gibt direkt die Entfernung in Metern in nördlicher Richtung vom Äquator an. Dass es sich um die Nordhalbkugel handelt, ist an der Zahl nicht zu erkennen, weil auch für die Südhalbkugel positive Werte auftreten. Nur aus der Angabe der Facette 32U, nämlich aus dem Buchstaben U, kann man schließen, dass es sich um eine nördliche Position handelt. Die Position liegt also 5334 km und 106 m nördlich vom Äquator.

Diese Rechenformeln benötigen Sie zu Ihrer Orientierung mit dem GPS eigentlich nicht. Sie werden nur hier aufgeführt, damit Sie etwas Verständnis für die Art von Zahlen haben, die Sie bei der Wahl dieses Koordinatensystems am GPS sehen. Für manche Computerprogramme ist es aber nötig, dass Sie Koordinaten in diesem Format übertragen. Dann müssen Sie dieses UTM-Format am GPS eben aktivieren.

Es gibt noch viele andere Koordinatensysteme. In Deutschland wurde lange Zeit das Gauß-Krüger-Gitter verwendet. Dabei wird ähnlich wie beim UTM-Gitter wieder der Erdball in Streifen zerlegt, diesmal aber von 3° Breite.

Zusätzlich zum Kartengitter gibt es noch das so genannte *Kartendatum*. Es hat mit dem üblichen Begriff *Datum* nichts zu tun, sondern ist ein spezieller geografischer Begriff. Die Erde besitzt bekannterweise keine exakte Kugelgestalt, sondern ist eher ein in den Polen abgeplattetes Ellipsoid. Aber auch das beschreibt die Erdoberfläche für heutige Genauigkeitsansprüche noch nicht genau genug. Es gibt noch lokale Abweichungen vom Ellipsoid. Insgesamt betrachtet ähnelt die Erde eher einer Kartoffel mit zusätzlichen Höhen und Senken und wird professionell deshalb als Geoid bezeichnet. Bisher hat man sich bei nationalen Koordinatensystemen damit beholfen, dass man lokale Ellipsoide definiert hat, die für einen beschränkten Landbereich die Erdoberfläche genau genug beschrieben haben. Diese unterschiedlichen Modelle beschreibt man durch das Kartendatum. In Deutschland heißt das üblicherweise benutzte Kartendatum »Potsdam«, weil dieser Ort als Bezugspunkt diente. Ein anderes wichtiges Kartendatum ist *WGS84* für *World Geodetic System 1984*.

Im Prinzip kann man zwischen den Gittersystemen und Kartendaten umrechnen. Das geschieht heutzutage durch entsprechende Computerprogramme oder direkt in Ihrem GPS-Gerät. Wichtig ist lediglich, dass Sie sich bei einem Datenaustausch zwischen Programmen und GPS-Geräten immer erkundigen, welches Gitter und Kartendatum jeweils eingestellt werden muss.

Richtungsbestimmung: GPS als Kompass

In unserem ersten Versuch mit dem GPS haben wir einfach die Position bestimmt. Den eigentlich nützlichen Einsatz hat aber das GPS bei der Navigation, bei der Richtungsbestimmung. Damit das GPS eine Richtung berechnen kann, braucht es aber mehrere Positionen auf einem Weg. Deshalb muss man immer erst ein kurzes Stück Weg zurückgelegt haben, bevor man eine Richtungsinformation vom GPS erhalten kann.

Damit das GPS als Kompass nutzbar ist, müssen Sie auch erst einige Schritte gehen, damit es sich aus diesen Positionen Ihre Marschrichtung berechnen kann. Dazu genügen bei gutem Satellitenempfang in der Regel schon wenige Meter Bewegung. Blättern Sie nun zur Navigationsseite und beobachten Sie, wie sich die angezeigte Kompassrose in der Anzeige bei Richtungsänderungen verhält. Sie werden sehen, dass sie stets die Nordrichtung beibehält, wenn Sie Ihre Marschrichtung ändern. Um beispielsweise die Nordrichtung etwas genauer zu ermitteln, gehen Sie einfach einige Schritte in die Nordrichtung. Die Anzeige muss dann der Abbildung 1.18 entsprechen.

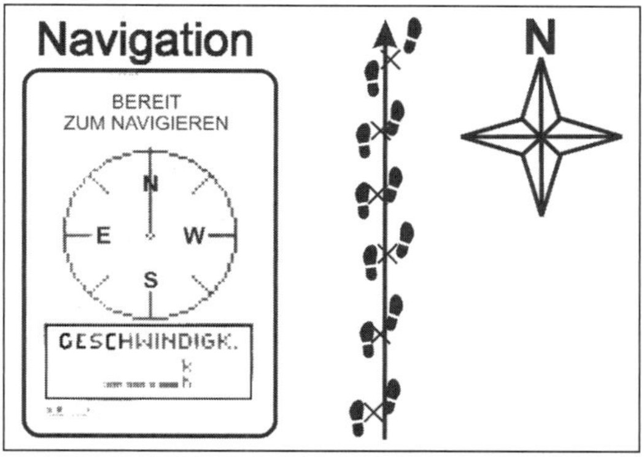

Abb. 1.18: Navigationsanzeige gemittelt aus mehreren Positionsmessungen

Zum direkten Anpeilen einer Himmelsrichtung aus dem Stand ist ein einfaches GPS-Gerät nicht geeignet. Es benötigt immer eine Information über Ihre Bewegungsrichtung, um dann über mehrere Positionen (siehe Abbildung 1.18) relativ zur Bewegungsrichtung die Nordrichtung anzuzeigen. Wenn Sie auf der Stelle stehen bleiben und in einem Rundblick Ziele in der Gegend anpeilen wollen, brauchen Sie einen Kompass, der sich an den Magnetfeldlinien orientiert. Teurere GPS-Geräte verfügen deshalb zusätzlich über einen integrierten elektronischen Kompass. Der Umgang mit einem konventionellen magnetischen Peilkompass wird weiter hinten in Kapitel 9 beschrieben.

TIPP

Ein reines GPS-System ist nur eingeschränkt als Kompass nutzbar, nämlich nur, solange Sie sich bewegen und das Gerät in Richtung der Bewegung orientieren. Die teureren Geräte verfügen über einen GPS-unabhängigen elektrischen Kompass.

Weitere Bewegungsdaten

Auf der Seite Tripcomputer (siehe Abbildung 1.19 für das *Geko*) können Sie zahlreiche Daten während Ihrer Wanderung ermitteln lassen. Im Optionsfeld, das Sie über die *OK*-Taste erreichen, können Sie zwischen diversen Berechnungsgrößen wählen. Auch finden Sie hier die Möglichkeiten zum Rücksetzen der Maximalgeschwindigkeit und der Tageskilometer.

In diesem Zusammenhang treten verschiedene Begriffe auf, die hier zuerst geklärt werden sollten.

- *Track*: Ein Track ist ein Weg, der automatisch beim Einschalten des Geräts aufgenommen wird. Er kann im Trace-Back-Modus (= Weg rückverfolgen) verwendet werden, um auf dem identischen Weg zurückzufinden. Das GPS setzt bei dieser Rückverfolgung an den Wegbiegungen eigene Zielpunkte zur Rück-Navigation.
- *Wegpunkt*: Ein Wegpunkt ist eine Position, die Sie nach längerem Drücken der *OK*-Taste (*Kipphebel* oder *MARK* bei *eTrex* oder *GPSmap*) direkt mit den aktuellen Koordinaten speichern können oder über den PC beispielsweise mittels einer geeigneten Kartensoftware einspeichern können. Beim Navigieren entlang von Routen leitet Sie das GPS immer von Wegpunkt zu Wegpunkt weiter.
- *Route*: Eine Route ist eine Folge von Wegpunkten, die zum Navigieren verwendet wird. Sie wird entweder direkt aus eingespeicherten Wegpunkten zusammengesetzt oder vom Computer aus einer Kartensoftware als komplette Route mit den zugehörigen Wegpunkten in das GPS-Gerät eingespielt.
- *Zielpunkt:* Ein Zielpunkt kann
  - ein ausgewählter Wegpunkt sein oder
  - der nächste Wegpunkt auf einer Route oder
  - eine Position auf einem Track, wenn Sie im Trace-Back-Modus (= Weg rückverfolgen) den Weg zurückgehen.

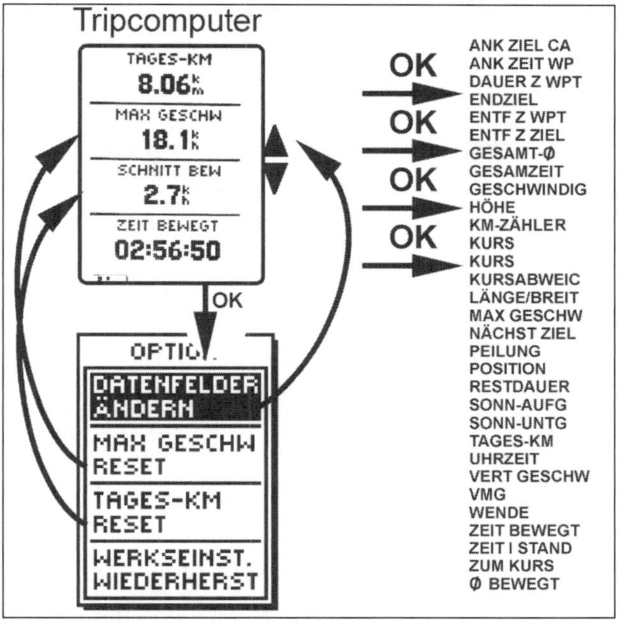

Abb. 1.19: Berechnungsmöglichkeiten im Tripcomputer

- *ANK ZIEL CA*: Berechnet die Zeit in Stunden und Minuten, die noch bis zum Ziel der Navigation benötigt wird.
- *ANK ZEIT WP*: Berechnet die Ankunftszeit am nächsten Wegpunkt.
- *DAUER Z WP*: Berechnet die restliche Zeit zum nächsten Wegpunkt.
- *ENDZIEL*: Letzter Wegpunkt der Route.
- *ENTF Z WPT*: Ermittelt die Entfernung zwischen der aktuellen Position und dem nächsten Wegpunkt der Route.
- *ENTF Z ZIEL*: Ermittelt die Entfernung zwischen der aktuellen Position und dem Endziel.
- *GESAMT-Ø*: Berechnet die mittlere Geschwindigkeit seit dem letzten Rücksetzen (siehe `TRIPCOMPUTER > OPTION > TAGES-KM RESET`) aus Geh- und Standzeiten.

- *GESAMTZEIT*: Gibt die gesamte Zeit seit dem letzten Rücksetzen (siehe `TRIPCOMPUTER > OPTION > TAGES-KM RESET`) an.
- *GESCHWINDIG*: Zeigt Ihre aktuelle Geschwindigkeit an.
- *HÖHE*: Zeigt die Höhe über dem Meeresspiegel an.
- *KM-ZÄHLER*: Misst die Entfernung zwischen den Positionsberechnungen, die jede Sekunde stattfinden (Odometer).
- *KURS*: Zeigt die Bewegungsrichtung.
- *KURS*: Zeigt die Richtung zum nächsten Ziel an.
- *KURSABWEIC*: Gibt die Abweichung vom Sollkurs an.
- *LÄNGE/BREIT*: Zeigt die aktuellen GPS-Koordinaten.
- *MAX GESCHW*: Berechnet die Höchstgeschwindigkeit seit dem letzten Rücksetzen (siehe `TRIPCOMPUTER > OPTION > MAX GESCHW RESET`).
- *NÄCHST ZIEL*: Zeigt den nächsten Wegpunkt der Route an.
- *PEILUNG*: Zeigt die Kompassrichtung zwischen der aktuellen Position und dem Ziel an.
- *POSITION*: Zeigt die aktuelle Position in geografischen Koordinaten an.
- *RESTDAUER*: Berechnet einen Schätzwert für restliche Zeit bis zum Ziel.
- *SONN-AUFG*: Zeigt die Sonnenaufgangszeit für die aktuelle Position.
- *SONN-UNTG*: Zeigt die Sonnenuntergangszeit für die aktuelle Position.
- *TAGES-KM*: Zählt die Gesamtstrecke seit dem letzten Rücksetzen (siehe `TRIPCOMPUTER > OPTION > TAGES-KM RESET`).
- *UHRZEIT*: Zeigt die aktuelle Zeit für die eingestellte Zeitzone an.
- *VERT GESCHW*: Zeigt die Aufstiegs- bzw. Abstiegsgeschwindigkeit als Höhenmeter pro Zeit an. Beim Bergsteigen erreicht man typische Aufstiegsgeschwindigkeiten von 300 bis 500 Höhenmetern pro Stunde. Bergab geht's ein ganzes Stück schneller.

⇨ *VMG*: Ermittelt die Geschwindigkeit längs des gewählten Kurses, die so genannte Vektorgeschwindigkeit. Anders ausgedrückt ist es die Geschwindigkeit, die sich durch Projektion Ihrer aktuellen vom Kurs abweichenden Bewegung auf die Sollkursrichtung ergibt.

⇨ *WENDE*: Gibt die Differenz zwischen dem aktuellen Kurs und der Peilung zum Ziel in Grad an. Dabei bedeutet ein »L« nach links gehen, ein »R« nach rechts.

⇨ *ZEIT BEWEGT*: Misst die Zeit, die Sie seit dem letzten Rücksetzen in Bewegung waren (siehe `TRIPCOMPUTER > OPTION > TAGES-KM RESET`).

⇨ *ZEIT I STAND*: Misst die Zeit, die Sie seit dem letzten Rücksetzen (siehe `TRIPCOMPUTER > OPTION > TAGES-KM RESET`) nicht in Bewegung waren. Hier kommt es raus, wie lange Sie Pause gemacht haben.

⇨ *ZUM KURS*: Berechnet die Kompassrichtung, die Sie nach einer Kursabweichung wählen müssen, um wieder auf Kurs zu kommen. Beispielsweise beim Umgehen von Hindernissen oder gesperrten Geländestücken können Sie mit dieser Richtungsangabe wieder Ihren geplanten Kurs ansteuern.

⇨ *Ø BEWEGT*: Bewirkt die Anzeige der Durchschnittsgeschwindigkeit während der Bewegung.

Bei der Übersetzung der englischen Wörter *HEADING* und *COURSE* ist der Begriff *KURS* zweimal belegt worden. Die Reihenfolge der Begriffe in dieser Liste entspricht der Reihenfolge im Menü. Dadurch wird die Sache wieder eindeutig.

2 Auf dem Track hin und zurück

Ziel des Kapitels

- ⇨ Aufnahme eines Tracks zum Ziel und Verwendung für den Rückweg

Schritte zum Erfolg

- ⇨ Einen Track sauber starten und beenden
- ⇨ Erläuterung der Optionen der Kartenseite
- ⇨ Rückverfolgung eines Tracks: GOTO-Modus und TRACBACK-Modus (Trace-Back-Modus) verwenden
- ⇨ Unterwegs Wegpunkte aufnehmen

Track aufnehmen

Der Begriff *Track* kommt – wie so oft bei modernen Systemen – aus dem angloamerikanischen Sprachgebrauch und bedeutet so viel wie *Weg* oder *Wegspur*. Ein Track ist eine mit dem GPS automatisch aufgenommene Wegspur. In regelmäßigen Abständen von einer Sekunde bestimmt das GPS automatisch die Position und speichert die Richtungsänderungen. Beim Geko 201 können 10.000 Punkte im aktuellen Track gespeichert werden.

Das GPS ist nach dem Einschalten automatisch im Aufzeichnungsmodus. Der zuletzt gestartete Track wird dann mit den aktuellen Positionen fortgesetzt. Ein neuer Track wird nur dann begonnen, wenn Sie die aktuelle Track-Aufzeichnung löschen. Das GPS ist immer im Aufnahmemodus! Beim Abschalten wird der aktuelle Track nicht gelöscht. Beim Wiedereinschalten wird der letzte Track fortgesetzt.

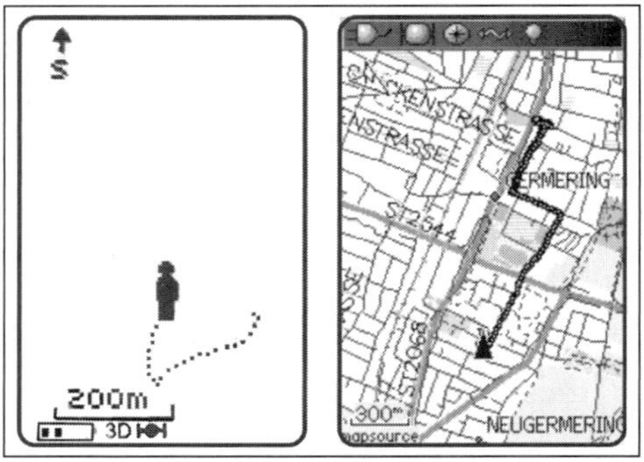

Abb. 2.1: Kartenfenster mit aufgenommenen Tracks (*Geko, GPSmap*)

Sobald Sie sich mit eingeschaltetem GPS-Gerät bewegen, entsteht auf der Kartenseite eine Spur des zurückgelegten Weges. Da die Spur unterschiedlich lang werden kann, können Sie mit den *Auf/Ab*-Tasten den Kartenausschnitt zoomen, das heißt den Maßstab vergrößern und verkleinern. Auch wird die Figur animiert, wenn Sie gehen.

Zum Neustart eines Tracks wählen Sie beim *Geko 201* die in Abbildung 2.1 gezeigte *Kartenseite* und aktivieren mit *OK* die `Optionen`. Dort finden Sie die Optionen `TRACK AUFZ LÖSCHEN`. Damit wird die laufende Wegaufzeichnung gelöscht und eine neue gestartet. Dies sollten Sie am Beginn jedes Weges tun, damit Sie einen sauberen Start haben und nicht noch die Wanderung von gestern mit der heutigen kombiniert wird.

Genauso sollten Sie am Ende des Weges diesen durch Speichern abschließen. Dazu wechseln Sie auf die *Menüseite*, gehen mit der *Auf/Ab*-Taste auf TRACKS und drücken *OK*. Damit sind Sie in der Verwaltung der Tracks gelandet. Gehen Sie auf SPCH, und Sie haben die Wegaufzeichnung in der Kiste. Sie werden noch nach dem Starrt- und Endpunkt gefragt, die Sie mit *OK* bestätigen können. Der Track erhält einen Namen, der sich aus dem Tagesdatum ergibt.

TIPP

Zum Start einer Track-Aufzeichnung gehen Sie auf Kartenseite > ***OK*** > Optionen > TRACK AUFZ LÖSCHEN. **Am Ende des Tracks speichern Sie ihn über** Menüseite > Tracks > ***OK*** > SPCH.

Beim *eTrex VISTA HCx* gehen Sie mit der Taste oben rechts auf die *Menüseite*, wählen dort das *Tracks-Menü* und wählen dort Speich., um den aktiven Track zu speichern, oder Löschen, um die aktuelle Aufzeichnung zu löschen (und automatisch wieder neu zu starten). Beim *GPSmap 60CSx* erreichen Sie die Menüseite mit der Menü-Taste direkt.

Abb. 2.2: Navigation früher mit Kompass (hinten) und heute mit GPS (vorne)

Wer einmal mit einem GPS-Gerät einen neuen unbekannten Weg ausgekundschaftet hat und bedenkenlos und ohne Mühe mit dieser Aufzeichnung wieder zurückgefunden hat, wird verstehen, wie segensreich diese Erfindung sein kann. Vergleicht man das Navigieren früher mit Kompass und Karte anhand notierter Marschzahlen mit dem Navigieren mit GPS heute (Abbildung 2.2), dann kann man erst einschätzen, welche Erleichterung dieses Gerät bietet. Insbesondere wagt man sich viel leichter, neue Wege zu gehen. Man findet ja immer wieder zurück!

Während der Aufnahme eines Tracks sollten Sie natürlich überprüfen, ob die Aufnahme zuverlässig ist oder ob Sie eventuell schlechten Empfang haben, durch den die Möglichkeit zur Rückverfolgung gemindert werden kann. In Abbildung 2.3 wird der Einfluss des Waldes auf die Genauigkeit der Positionsbestimmung sichtbar. Mit dem Beginn des Waldgebietes weichen Hin- und Rückweg um bis zu 40 m voneinander bzw. von der Karte ab.

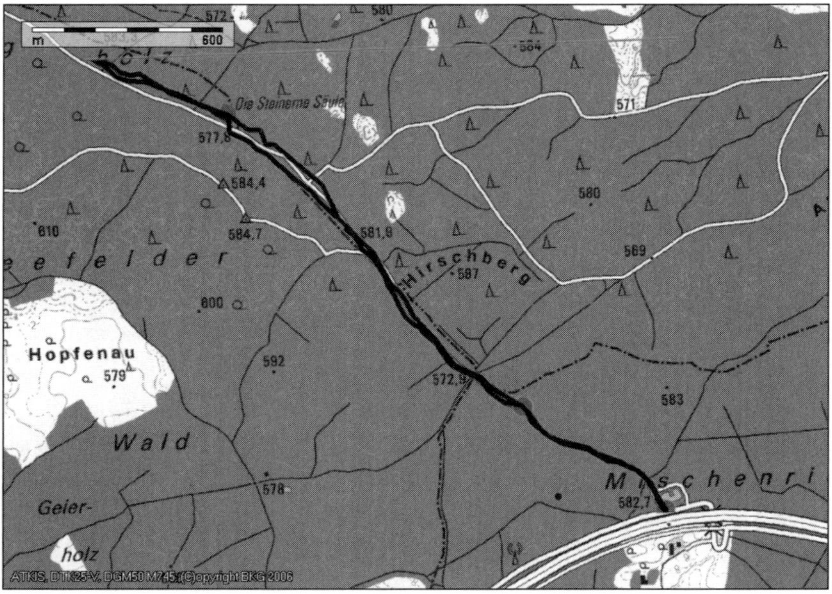

Abb. 2.3: Weg mit Ungenauigkeiten im Wald durch verminderte Empfangsqualität (©MagicMaps GmbH, ©Bundesamt f. Kartographie u. Geodäsie)

Wenn Sie einen solchen Weg in unwegsamem Gelände zurückgehen wollten, würde Sie das GPS auf dem Rückweg teilweise 40 m und mehr neben den echten Weg führen. In solchen Situationen sollten Sie Lichtungen ausnutzen, um manuell Wegpunkte zu speichern (siehe Kapitel 4). Die *eTrex*- und *GPSmap*-Geräte zeigen in solchen Fällen deutlich ihre Stärken durch die besseren Empfangsteile.

Was tut man mit einem aufgenommenen Track?

Ganz einfach: Auf einem aufgezeichneten Track können Sie sich zurückführen lassen und können sich nicht mehr verlaufen. Es können auch einzelne Positionen auf dem aktiven Track verwendet werden, um zu diesen Zwischenpositionen zu navigieren. Die einzelne Ziel-Position ist vorher mit `TRACK AUFZ VERSCHIEBEN` auszuwählen. Sie können sich geradlinig direkt dorthin weisen lassen (`GOTO`) oder dem Track folgen (`TRACBACK`). Dies wird weiter unten nach den Optionen der Kartenseite beschrieben.

Ein Track kann auch gespeichert werden. Dann erhält er einen Namen, der aus dem Tagesdatum erzeugt wird. Wird ein weiterer Track am gleichen Tag gespeichert, dann wird eine Versionsnummer angehängt. Das geschieht über die Menüseite unter der Option `TRACKS`.

Ein gespeicherter Track kann mit entsprechender Zusatzsoftware auf einen Computer übertragen werden und dort mit weiteren Programmen wie etwa der in Kapitel 5 vorgestellten Kartensoftware *magicmaps* bearbeitet werden.

Ein gespeicherter Track kann auch wieder zum Navigieren verwendet werden. Das Aktivieren eines gespeicherten Tracks läuft über die Menüseite über die Option `TRACKS`. Mit den *Auf/Ab*-Tasten geht man auf den Namen des gesuchten Tracks.

Farbe für Track einstellen

Bei *eTrex VISTA HCx* und *GPSmap 60CSx* können Sie die Farbe für den Track einstellen. Gehen Sie dazu auf die *Menüseite*, aktivieren

Sie Tracks > *ENTER* > Einstellung > *ENTER* > Farbe und wählen Sie eine Farbe aus.

Die Optionen der Kartenseite

Die *Kartenseite* zeigt während Ihrer Wanderung den aktuell aufgenommenen Weg an. Eine animierte Figur zeigt sogar an, ob Sie sich bewegen oder nicht. Eine Punkt-Spur kennzeichnet den zurückgelegten Weg. Diesen aufgenommenen Weg bezeichnet man als Track. Die Kartenseite bietet eine Vielzahl von Optionen. Abbildung 2.4 zeigt die vielen Möglichkeiten beim *Geko 201*, die hinter dieser Seite stecken.

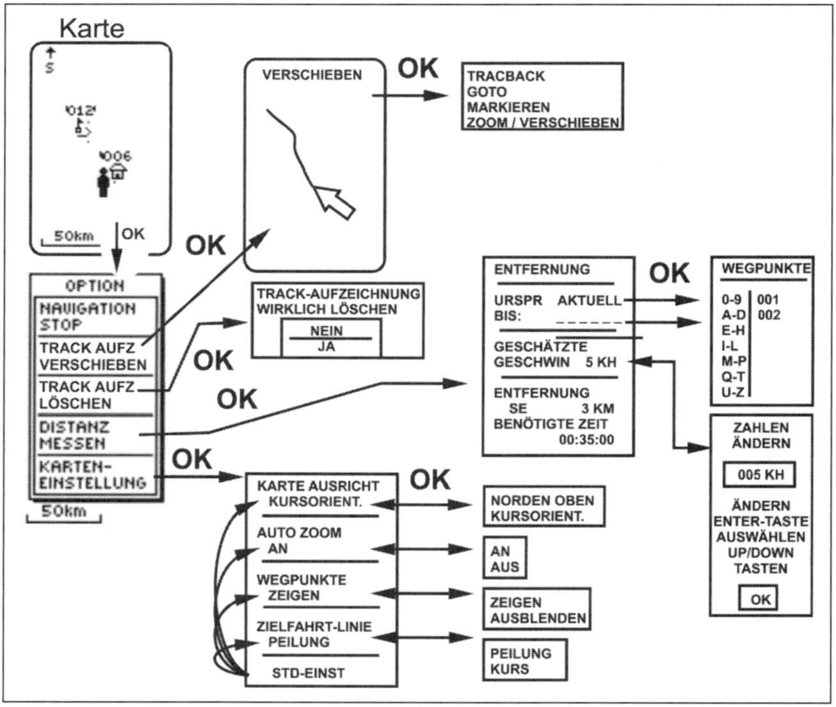

Abb. 2.4: Die Optionen der Kartenseite

Mit *OK* erreichen Sie über die *Kartenseite* die folgenden Einstellmöglichkeiten:

- ⇨ NAVIGATION STOP: Hiermit können Sie das Navigieren zu einem Zielpunkt anhalten. Ein Zielpunkt kann entweder ein ausgewählter Wegpunkt sein (siehe Wegpunkte in Kapitel 4) oder eine Position entlang eines Tracks, die Sie mit PAN TRACK LOG im aktuellen Track oder mit TRACK VERSCHIEBEN in einem gespeicherten Track ausgewählt haben.
- ⇨ TRACK AUFZ VERSCHIEBEN: Diese Funktion erlaubt es, mit den *Auf/Ab*-Tasten Positionen entlang des aktuellen Tracks als Zielpunkte festzulegen. Diese können dann im GOTO-Modus geradlinig oder im TRACBACK-Modus entlang des Tracks zurückverfolgt werden.
- ⇨ TRACK AUFZ LÖSCHEN: Löscht die aktuelle Track-Aufzeichnung und startet eine neue. Zu Beginn eines Tracks sollten Sie unbedingt immer diese Funktion ausführen, damit Sie einen sauberen Startpunkt haben und nicht noch Weginformationen vom Vortag vorhanden sind. Besonders, wenn Sie beabsichtigen, einen Track zurückzuverfolgen, sollten Sie auf einen wohl definierten Startpunkt achten, damit Sie später nicht in die Irre geführt werden. Sonst landen Sie noch beim Startpunkt von gestern!
- ⇨ DISTANZ MESSEN: Dient zum Messen des Abstands zwischen der aktuellen Position und einer weiteren Position, die entweder aus den Wegpunkten ausgesucht oder mit PAN TRACK LOG entlang des aktuellen Tracks eingestellt werden kann.
- ⇨ KARTEN EINSTELLUNG: Legt die Anzeige der Kartenseite fest.
  - ⇨ KARTE AUSRICHT: Erlaubt die Wahl zwischen KURSORIENT und NORDEN OBEN. KURSORIENT bedeutet, dass auf der Kartenseite stets die Bewegungsrichtung nach oben zeigt. Mit NORDEN OBEN hätten Sie die Kartenseite praktisch eingenordet. Das GPS können Sie dann zum bequemen Abgleich auf einer Landkarte verwenden. Dazu legen Sie es mit der Längskante parallel zum Kartenrand und können den angezeigten Track und die Landkarte direkt miteinander vergleichen.

- AUTO ZOOM: Bewirkt eine automatische Anpassung des Kartenausschnitts, damit stets der aktuelle Track vollständig auf der Kartenseite zu sehen ist. Mit den *Auf/Ab*-Tasten können Sie diesen Maßstab natürlich ändern. Wenn dieser Modus auf AUS geschaltet ist, gilt nur der von Ihnen eingestellte Maßstab.
- WEGPUNKTE: Steuert über die Optionen ZEIGEN/AUSBLENDEN die Anzeige von Wegpunkten.
- ZIELFAHRT-LINIE: Kann auf KURS/PEILUNG eingestellt werden. Damit wird angegeben, wie die Richtung zum Zielpunkt angezeigt wird. Bei PEILUNG wird stets die direkte Richtung geradlinig zum nächsten Zielpunkt angezeigt. Die Option KURS bedeutet, dass die Richtung bezogen auf den aktuellen Kurs angegeben wird. Das bedeutet, dass Sie von einer Position *neben* einer geplanten Route nicht auf den nächsten Zielpunkt, sondern parallel zur Route geführt werden. Diese Einstellung ist unter Berücksichtigung der üblichen GPS-Genauigkeiten von einigen Metern meist sinnvoller als das direkte Zugehen auf den nächsten Zielpunkt.
- STD-EINST: Stellt die Standardeinstellungen wieder her: KARTE AUSRICHT: KURSORIENT, AUTO ZOOM: AN, WEGPUNKTE: ZEIGEN und ZIELFAHRT-LINIE: KURS.

Sehr überraschend hat sich ein Versuch ausgewirkt, absichtlich in die falsche Richtung zu gehen. Stellt man unter der Option ZIELFAHRT-LINIE den Wert KURS ein und geht absichtlich in die entgegengesetzte Richtung, dann erscheint sogar die Meldung WENDE VORAUS (siehe Abbildung 2.9).

Rückzug: auf Trackpositionen zurückgehen

Als Testfall bin ich einen kurzen Weg nahe beim Kloster Andechs gegangen und habe mich vom GPS zurückführen lassen. Andechs ist ein wunderschön auf einem Hügel gelegenes Kloster mit einer weithin sichtbaren Klosterkirche und auch einer berühmten Klosterschänke. Das dort ausgeschenkte Andechser Bier ist nicht zu verachten. Mit GPS können Sie sich auch nach dessen Genuss nicht mehr verlaufen.

Abb. 2.5: Blick vom Track-Ende zurück auf Kloster Andechs

Das Zurückgehen auf eine Position im Track besteht aus zwei Schritten. Zuerst muss die Position angewählt werden, danach wird dann das Navigieren zu diesem Zielpunkt gestartet.

Abb. 2.6: Zielposition für den Rückweg durch Verschieben festlegen

Zum Auswählen einer Zielposition auf dem Track gehen Sie von der *Kartenseite* mit *OK* und dann mit *Auf/Ab* zur Option TRACK AUFZ VERSCHIEBEN. In diesem Modus wird Ihnen der Track mit einem Pfeil angeboten, den Sie mit *Auf/Ab* auf die gewünschte Trackposition schieben können.

Mit *OK* akzeptieren Sie die Position als *Zielpunkt* und erhalten vier Optionen:

- ⇨ TRACBACK: Ermöglicht das Zurückgehen zur Position entlang des Tracks und wird im übernächsten Abschnitt beschrieben.
- ⇨ GOTO: Weist den geradlinigen Weg zum Zielpunkt.
- ⇨ MARKIEREN: Bietet das Speichern der Position als *Wegpunkt* an.
- ⇨ ZOOM: Zentriert die Position auf dem Bildschirm und erlaubt über *Auf/Ab* das Zoomen.
- ⇨ VERSCHIEBEN: Erscheint, wenn Sie nach ZOOM *OK* drücken, und erlaubt die weitere Verschiebung des Zielpunkts im gezoomten Bildausschnitt. Nach einem weiteren *OK* erscheint an dieser Stelle wieder ZOOM.

Direttissima: GOTO

Die Option GOTO soll uns hier interessieren. Damit gehen Sie geradewegs auf das gewählte Ziel zurück. Wenn Sie GOTO mit *OK* akzeptieren, landen Sie auf der *Navigationsseite* und der Zeiger weist in die Richtung des Zielpunkts. Die Zielposition wird mit dem umrahmten Text MAP gekennzeichnet (Abbildung 2.7) und auch so auf der *Karten-* und *Navigationsseite* angezeigt. Außerdem erscheint von nun an auf der *Kartenseite* eine *Kettenlinie* von der aktuellen Position zu diesem Zielpunkt. Zu beachten ist immer, dass diese Linie den *absolut geraden Weg* weist. Wenn Ihr Track auch auf einem Bogen lief, so werden Sie jetzt doch geradewegs zum Zielpunkt geführt. Also Vorsicht, wenn Sie vorher ein Hindernis umgangen haben, jetzt werden Sie eventuell direkt hindurchgelotst. Wenn Sie sich bis auf die GPS-Toleranz dem Ziel genähert haben, erscheint die Meldung ANKUNFT AM ZIEL.

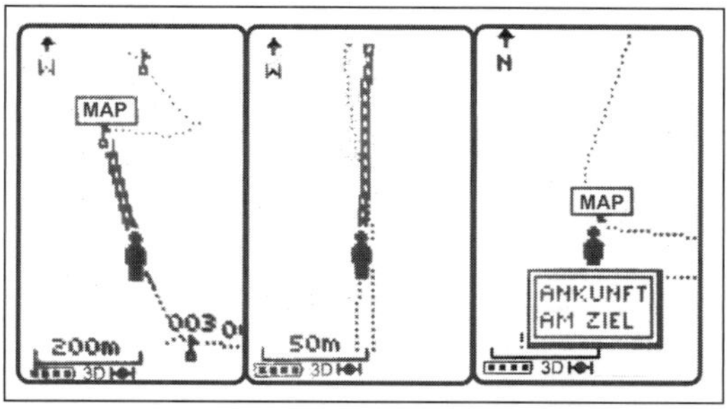

Abb. 2.7: Mit GOTO geradlinig zum Track-Ziel MAP

Wichtig beim Navigieren ist immer, an die Toleranz bei der GPS-Ortung zu denken. Das Gerät ist zwar im günstigsten Fall auf einige Meter genau, aber Sie bewegen sich praktisch immer in einem gewissen Toleranzband, das im Mittel doch etliche Meter beträgt. Da die genaue Berechnung der Bewegungsrichtung auch nur bei Bewegung möglich ist, sollten Sie beim Navigieren nie stehen bleiben oder versuchen, zu präzise eine Richtung zu verfolgen. Auch beim Erreichen des Ziels werden Sie sich vielleicht wundern, dass Sie es eventuell schon einige Meter früher angezeigt bekommen. Sie befinden sich dann eben schon innerhalb des Toleranzbereichs der Messung.

Rückverfolgung: Trace back

Beim Zurücklaufen *auf dem aktuellen Track* im Modus `TRACBACK` müssen Sie zuerst einen Zielpunkt auf dem Track. Dazu wählen Sie unter den Optionen die Möglichkeit `TRACK AUFZ VERSCHIEBEN` aus (siehe Abbildung 2.6), um den Zielpunkt festzulegen. Sie können dazu beispielsweise den Anfangspunkt des Tracks wählen. Mit der Abwärts-Taste können Sie den Positionspfeil dorthin verschieben.

Wenn Sie die Position mit *OK* akzeptieren, öffnet sich wieder das Dialogfeld mit `TRACBACK`, `GOTO`, `MARKIEREN` und `ZOOM`. Bestätigen Sie die Option `TRACBACK`, dann wird sofort die Navigationsseite mit dem Richtungspfeil erscheinen. Dieser weist jetzt nicht geradlinig auf den Zielpunkt, sondern auf den nächsten Knickpunkt des Tracks. Entsprechend wird jetzt auf der Kartenseite nicht die gerade Linie zum Zielpunkt markiert, sondern der Trackverlauf als dicke Kettenlinie entlang des Tracks angezeigt.

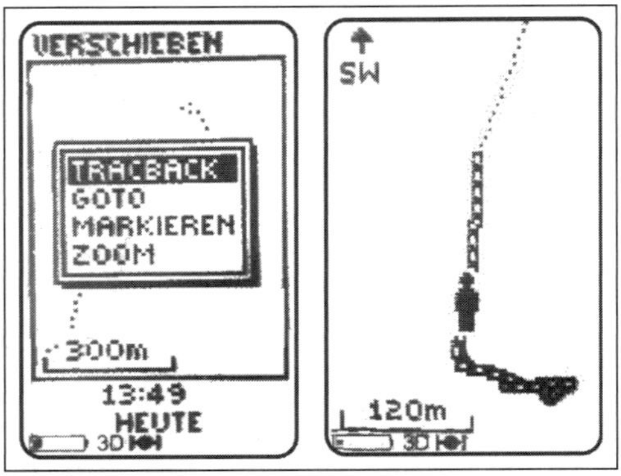

Abb. 2.8: Rückverfolgung im TRACBACK-Modus: Bisheriger (...) und neuer (ooo) Weg

Sie können nun voll der *Navigationsseite* für die Bewegung entlang des Tracks vertrauen. Sie werden auch rechtzeitig bei Wegbiegungen auf das Abknicken hingewiesen. Abbildung 2.9 zeigt deutlich, wie Sie das Gerät auf Wegbiegungen oder gar eine Wende im Weg hinweist.

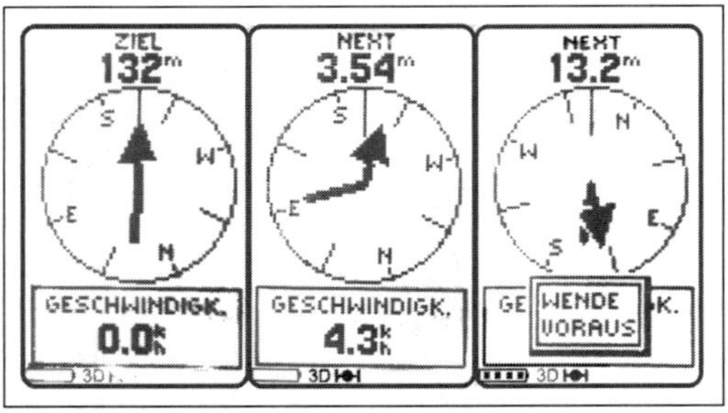

Abb. 2.9: Richtung und Entfernung zum nächsten Ziel, Knick und Wende

Voraussetzung dafür ist, dass die Karteneinstellung `ZIELFAHRT-LINIE` auf `KURS` eingestellt ist. Nur dann bekommen Sie die Hinweise auf abknickende Wege oder gar auf eine Kehre. Und rechtzeitig am Ende des Weges werden Sie wieder bei Erreichen des Zielpunkts informiert, dass Sie angekommen sind (Abbildung 2.10).

Abb. 2.10: Anzeige, wenn das Ziel erreicht ist

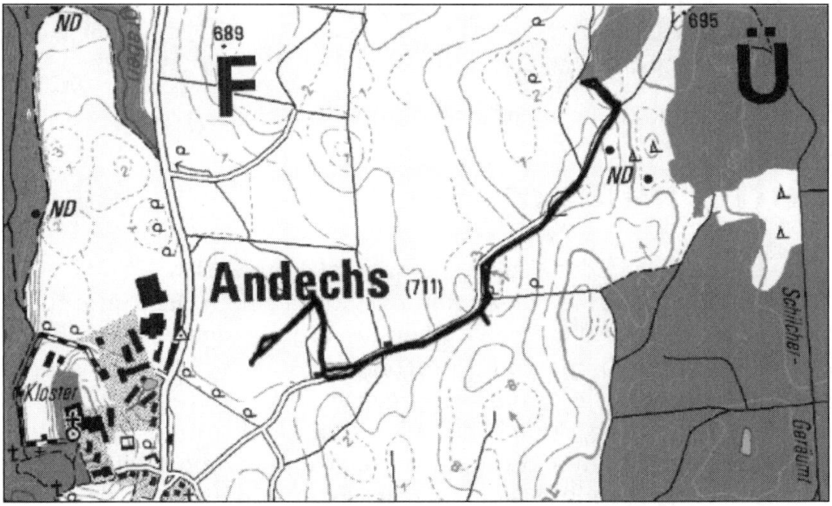

Abb. 2.11: Hin- und Rückweg mit Aufzeichnung eingespielt in die Kartensoftware MagicMaps (©MagicMaps GmbH, ©Bundesamt f. Kartographie u. Geodäsie)

Bei *eTrex* und *GPSmap* starten Sie die Trace-Back-Option über die *Menüseite*. Gehen Sie dort auf `TracBack` (Abbildung 2.12). Daraufhin werden Sie auf der Kartenseite aufgefordert, den Zielpunkt auf dem aktuellen Track zu wählen. Mit dem *Kipphebel* positionieren Sie den weißen Pfeil auf das gewünschte Ziel und übernehmen die Position mit *ENTER* (*GPSmap*) bzw. mit einem Druck auf den *Kipphebel* (*eTrex*).

Abb. 2.12: Trace-Back-Modus im *GPSmap 60CSx*

Entfernung messen

Als weitere Option der *Kartenseite* des *Geko* findet sich DISTANZ MESSEN. Damit können Sie den Abstand zwischen einem Ursprungspunkt und einem Zielpunkt messen und unter Vorgabe einer Geschwindigkeit auch die benötigte Zeit ausrechnen lassen. Als Ursprungspunkt wird stets die aktuelle Position vorgegeben. Wenn AKTUELL markiert ist und Sie *OK* drücken, dann können Sie aber als Ursprungspunkt auch einen aus der Sammlung gespeicherter Wegpunkte auswählen. Die Auswahl eines Wegpunkts geht derart vor sich, dass Sie in der Wegpunktliste zuerst das erste Zeichen des Wegpunktnamens mit *Auf/Ab* wählen müssen. Dazu sind die Zeichen gruppenweise zusammengefasst: 0–9, A–D, …, U–Z. Wenn Sie die richtige Gruppe erreicht haben, gehen Sie mit *OK* zur Auswahl des individuellen Punkts weiter (siehe Abbildung 2.4). Mit der Taste *Seitenwechsel* können Sie aber auch jede Auswahl wieder abbrechen.

Wenn Sie vorher einen Zielpunkt mit TRACBACK oder GOTO gesetzt haben, können Sie auch diesen Punkt aus der Liste der Wegpunkte in der Gruppe M-P unter dem Namen MAP finden.

Neben der Entfernung wird auch die benötigte Gehzeit bei der aktuellen Geschwindigkeit angegeben. Diese Geschwindigkeit können Sie hier auch noch mit der *OK*-Taste ändern. In Abbildung 2.13 sehen Sie, dass die Entfernung von der aktuellen Position bis zum eingestellten Zielpunkt 9 m beträgt und bei der aktuellen Marschgeschwindigkeit von 5 km/h in 6 Sekunden zurückgelegt werden kann. In Klarschrift: Sie stehen kurz vor dem Ziel.

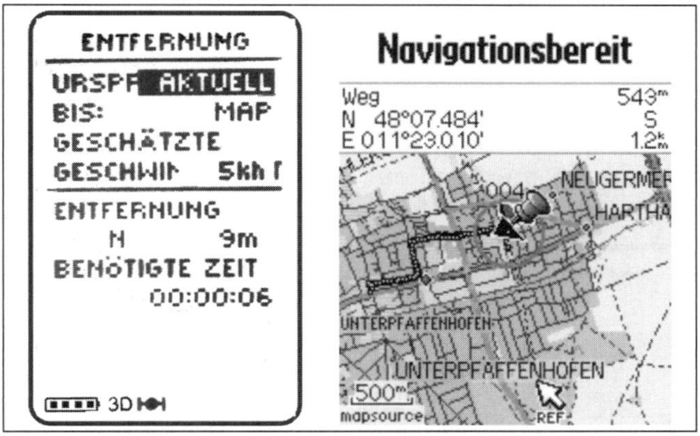

Abb. 2.13: Distanz messen: von der aktuellen Position zum gesetzten Zielpunkt

Bei *eTrex* oder *GPSmap* finden im Menü der *Kartenseite* auch die Option `Entfernung messen`. Danach können Sie mit dem *Kipphebel* den weißen Pfeil des Kartenzeigers auf die gewünschte Zielposition setzen. Eine dünne gestrichelte Linie verbindet dann die aktuelle Position mit dem weißen Pfeil. Oben auf dem Display sehen Sie dann links entweder den Namen des Objekts, auf das der Kartenzeiger weist, oder die Angabe »Kartenzeiger«. Darunter steht die geografische Position. Auf der rechten Seite erscheint oben die Höhe der Zielposition, dann die Himmelsrichtung und darunter schließlich die Entfernung (siehe Abbildung 2.13).

Unterwegs Wegpunkte aufnehmen

Wenn Sie auf dem Geko für ca. zwei Sekunden auf *OK* drücken, landen Sie bei der Wegpunkteingabe. Die aktuell gemessene Position kann dann als Wegpunkt (englisch *Waypoint*, abgekürzt *WP*) gespeichert werden. Ein Wegpunkt ist eine Position, die auf Ihrer Karte dann besonders hervorgehoben wird und auch als Zielpunkt für Messungen oder zum Peilen und Navigieren verwendet werden kann. Im Prinzip können Sie auch ohne Wegpunkte zumindest am Ende eines Tracks wieder auf Ihrer Spur zurücklaufen. Um aber markante Positionen entlang des Tracks hervorzuheben, sollten Sie Wegpunkte definieren. Ein Wegpunkt bekommt standardmäßig ein *Symbol* und eine *Nummer*. In Kapitel 4 wird gezeigt, wie auch andere Symbole und Namen vergeben werden können. Wenn Sie wieder *OK* drücken, wird der Wegpunkt mit dieser Nummer und diesem Symbol gespeichert und auf der Karte angezeigt.

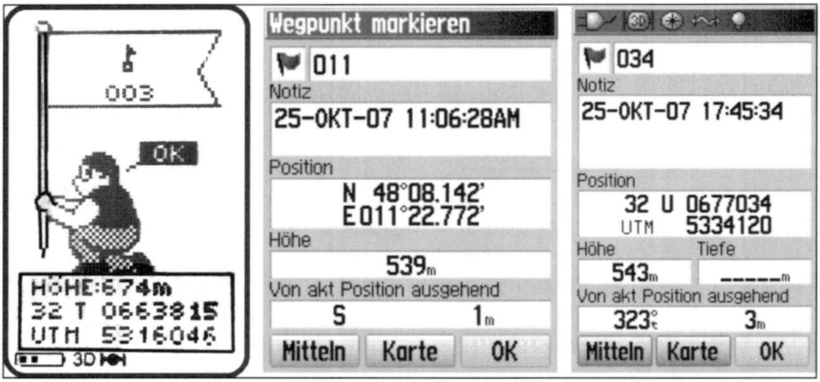

Abb. 2.14: Wegpunkt eingeben (*Geko*, *eTrex* und *GPSmap*)

3 Mit dem GPS spielen

Ziel des Kapitels

⇨ Die Spiele auf *Geko 201, eTrex VISTA HCx und GPSmap 60CSx* verwenden

Schritte zum Erfolg

⇨ *Geko Smak*, *Memory Race*, *Nibbons* und *Virtual Maze* sind Spiele im Freien mit GPS-Funktion.

⇨ Die zusätzlichen Spiele *Gekoids* und *Beast Hunt* auf *eTrex VISTA HCx* und *GPSmap 60CSx* sind zum Spielen an Regentagen ohne GPS gedacht. *Gekoids* kann auch im Freien gespielt werden.

Spielefunktionen aufrufen

Auch moderne Technik sollte man nicht immer nur ernsthaft betreiben, sondern auch mal mit Spiel und Spaß kombinieren. Das wird mit den angebotenen Spielen hier gemäß dem Motto im Anleitungsbuch »Let's have fun« getan. Mit diesen Spielen können Sie wirklich spielend GPS lernen.

Allerdings sollten Sie bedenken, dass Sie bei den Spielen selbst auf dem Spielfeld nach den Regeln des Spiels umherlaufen müssen. Nicht jeder, der Sie unbeteiligt da so mit dem kleinen Gerät herumsausen sieht, hat Verständnis für Ihre Rennereien. In der Anleitung wird angegeben, dass Sie für ein genügend großes Spielfeld sorgen sollten. Da sollten Sie schon gut 60 m x 100 m Platz haben. Aber achten Sie vielleicht auch darauf, dass Sie für unbeteiligte Spaziergänger nicht zum Gespött werden. Es weiß ja keiner, was Sie da genau machen. Nachher holt doch mal jemand die Männer mit den weißen Kitteln. Vielleicht suchen Sie sich für die ersten Spiele eine genügend große unbeobachtete Waldlichtung aus.

Achten Sie auch darauf, dass im Spielfeld keine Hindernisse im Wege sind oder Erdlöcher auf den gedankenversunkenen Spieler lauern. Ich bin letztens auch plötzlich einen Abhang hinuntergesaust, nur weil das GPS es so wollte! Auch rennt man schnell mal in ein Brennnesselfeld hinein, um ein Spiel nicht zu verlieren. Also neben dem GPS-Gerät auch Augen auf für die Umgebung!

Alle Spiele finden Sie auf der *Menüseite* unter `SPIELE`. Beim *Geko 201* sind es *Geko Smak*, *Memory Race*, *Nibbons* und *Virtual Maze*. Beim *eTrex VISTA HCx* und *GPSmap 60CSx* gibt es noch zwei weitere Spiele: *Gekoids* und *Beast Hunt*.

Geko Smak

Die Bezeichnung *Geko Smak* ist wohl mit »Fang den Geko« zu übersetzen. Hier geht es darum, einen kleinen Geko, der vor Ihnen herumhüpft, einzufangen. Wenn Sie das Spiel starten, erhalten Sie eine kurze Anleitung: `GEHE ZUM GEKO UND DRÜCKE OK.`

Abb. 3.1: Start des Geko Smak

Es gibt noch verschiedene Spiele-Optionen wie FELDGRÖSSE und SCHWIERIGKEIT. Mit der Schwierigkeit steigt die Geschwindigkeit der Gekos. Zu empfehlen ist auf jeden Fall die Ausrichtung der Karte mit der Option KURSORIENTIERT. Unter HIGH SCORE wird die beste Punktzahl angezeigt.

Also laufen Sie zum Geko, der immer mal wieder weghüpft, Sie sehen dann oft nur noch die Fußabdrücke. Wenn Sie ihn haben, sollen Sie *OK* drücken. Dann erscheint leider ein Hammer, der den Geko erschlägt. Nur wenn ein Rufzeichen unter dem Hammer erscheint, haben Sie getroffen. In anderen Ländern empfindet man den Geko vielleicht als Ungeziefer. Ich sehe in ihm vielmehr ein lustiges exotisches Tierchen. Ich würde ihn lieber ohne Hammer einfangen.

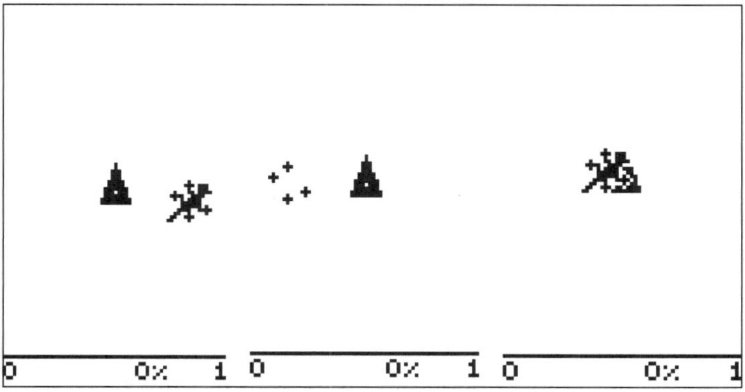

Abb. 3.2: Geko einfangen

Memory Race

Sie kennen bestimmt das schöne Kinderspiel Memory, bei dem man unter verdeckten Kärtchen zwei gleiche finden muss. Genauso läuft das Spiel hier ab, nur dass die Kärtchen nicht auf dem Tisch liegen, sondern auf einer großen Wiese, auf der Sie umherlaufen.

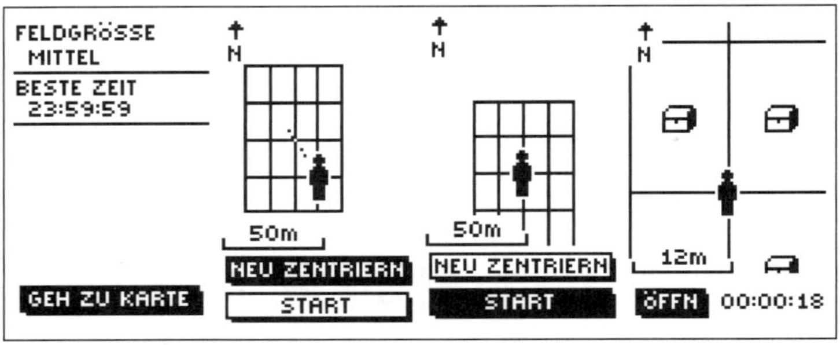

Abb. 3.3: Start des Memory-Spiels auf der Wiese

Die Feldgröße lässt sich auch hier vor dem Start noch einstellen. Es gibt auch eine Option für eine anwenderspezifische Größe. Dort können Sie die Anzahl der Einzelfelder von 4x4 bis 5x6 oder für schmale Spielfelder 10x2 oder 1x12 wählen. Auch die Größe des gesamten Spielfeldes lässt sich zwischen 30 Fuß (ca. 10 m) und 1 Meile (ca. 1,6 km) noch einstellen. Vorgabe ist ein Feld mit einem 4x4-Netz und 50 Fuß (ca. 15 m) Seitenlänge.

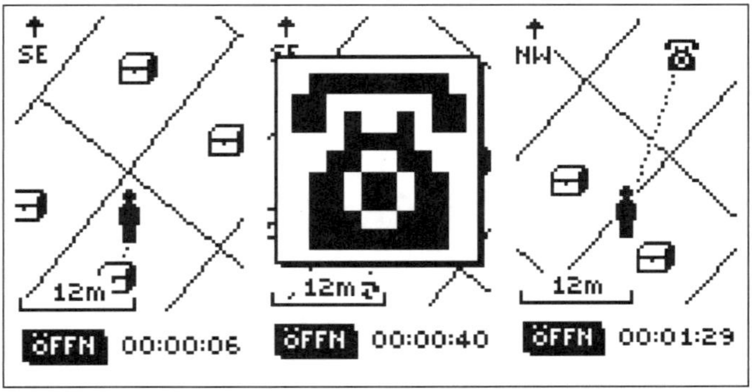

Abb. 3.4: Memory-Karten aufdecken und weiterlaufen

Wählen Sie GEHE ZU KARTE, um das Spiel zu beginnen. Sie erhalten nun die Möglichkeit, das Spielfeld auf die aktuelle Position zu zentrieren, das heißt, die aktuelle Position wird damit zur Mitte des neuen Spielfeldes. Danach können Sie START drücken.

Nun laufen Sie das Spielfeld ab und sehen sich mit der Funktion ÖFFNEN einzelne Karten an. Eine Spielkarte wird mit einem Druck auf *OK* aufgedeckt. Mit einem zweiten Druck auf *OK* wird sie wieder zurückgedreht. Wenn Sie nun ein passendes Kartenpaar im Kopf haben, dann gehen Sie zur ersten Karte des Paares, öffnen sie und drücken nicht ein zweites Mal *OK*. Damit bleibt diese Karte geöffnet. Dann laufen Sie zu dem zweiten passenden Feld und öffnen auch dieses. Wenn die Karten nun wirklich gleich sind, werden die Symbole auf beiden Feldern gelöscht. Haben Sie sich vergriffen, dann lassen Sie entweder die letzte Karte für die nächste Suche geöffnet oder schließen sie wieder.

Nibbons

Hier habe ich etwas Schwierigkeit mit der Übersetzung. Aber an dem Spielverlauf habe ich ein altes Spiel aus meiner Kindheit wiedererkannt, das wir »Misthaufen« nannten. Man schreibe an beliebigen Stellen fortlaufende Zahlen auf ein großes Blatt Papier. Reihum muss nun jeder Mitspieler jeweils eine Verbindung zur nächsten Zahl zeichnen, ohne bereits bestehende Verbindungen zu berühren oder zu überschreiten. Für jeden Verstoß wurde der Spieler an den Haaren gezogen.

In diesem Sinne läuft auch das Nibbons-Spiel ab. Das GPS-Gerät gibt immer eine Zahl vor, zu der Sie gehen müssen. Dabei entsteht in Ihrer Spur ein mehr oder weniger langer Track, den Sie nicht überschreiten dürfen. Irgendwie habe ich mich bei diesem Spiel so im Gelände verlaufen, dass ich irgendwo einen Abhang hinuntergesaust bin. Nachdem dann noch die nächste Zahl in den Brennnesseln zu suchen war, habe ich es aufgegeben. Sie sollten also immer vorher ein genügend großes ungefährliches Spielfeld aussuchen. Jede Zahl, die Sie erreicht haben, wird automatisch gelöscht und es erscheint die nächste Zahl als Ziel.

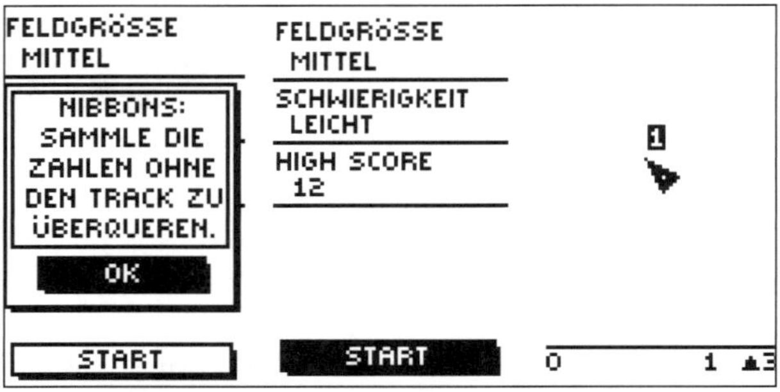

Abb. 3.5: Nibbons: von Zahl zu Zahl, ohne Track-Berührung

Virtual Maze

Im Menü heißt es eigentlich verkürzt `VIRTUA MAZE`, aber hier ist nur aus Platzgründen das `L` verschwunden. Im Buchtext verwende ich den korrekten Begriff `VIRTUAL MAZE` (virtueller Irrgarten).

Nun geht es also in den Irrgarten. Ein Labyrinth ist vor Ihnen aufgebaut und Sie sollen dort Fähnchen einsammeln. Die Größe und die Schwierigkeit des Labyrinths lassen sich noch vor dem Start einstellen. Dabei ist die Schwierigkeit ein Maß dafür, wie viel Sie unterwegs vom restlichen Labyrinth sehen können. Hoher Schwierigkeitsgrad bedeutet, dass Sie nur einen kleinen Ausschnitt vom ganzen Labyrinth zu sehen bekommen.

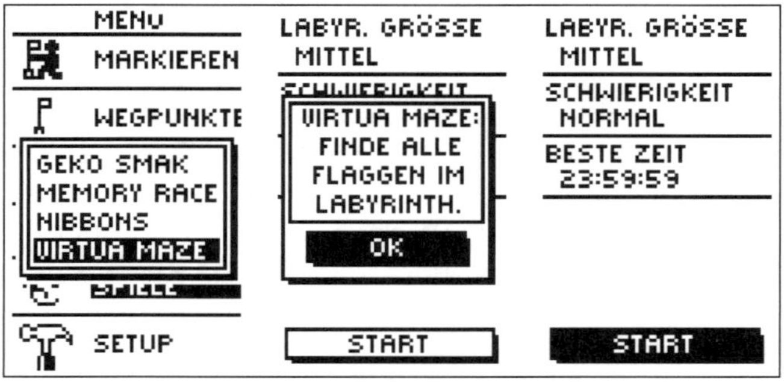

Abb. 3.6: Virtual Maze, ein virtuelles Labyrinth

Auf dem Kartenausschnitt wird dann unten links jeweils die verstrichene Zeit angezeigt und unten rechts wird die Anzahl von Flaggen gezeigt, die noch zu holen sind. Wenn Sie Probleme haben, gibt es eine Möglichkeit zum Schummeln. Drücken Sie die *OK*-Taste, dann können Sie zwischen LABYRINTH NORD OBEN und BESCHEISSEN wählen. Das amerikanische CHEAT wurde hier recht grob mit BESCHEISSEN übersetzt. Sie erhalten eine Übersicht über das gesamte Labyrinth, damit Sie sich besser zurechtfinden. Mit *OK* können Sie dann wieder weiterspielen.

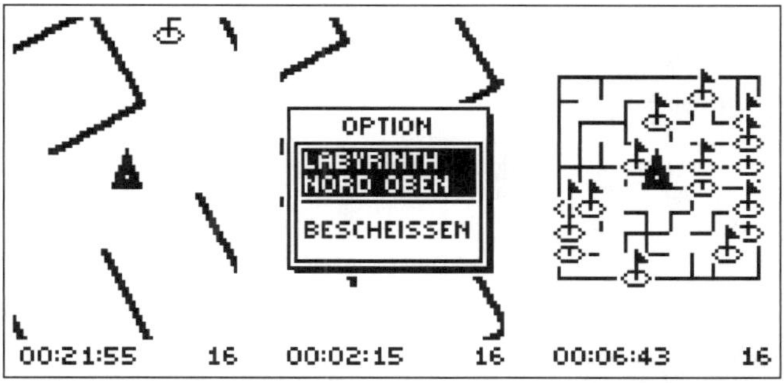

Abb. 3.7: Im Labyrinth: Übersicht = BESCHEISSEN

Gekoids

Beim eTrex *VISTA HCx und GPSmap 60CSx* gibt es noch weitere Spiele, wie *Gekoids* und *Beast Hunt*. *Gekoids* kann im Freien oder auch im Innenraum gespielt werden. *Beast Hunt* ist ein reines Spiel für drinnen, also etwas für Regentage.

Abb. 3.8: Spiele beim eTrex VISTA HCx und GPSmap 60CSx

Mit dem Spiel *Gekoids* geht's nun in den Weltraum. Sie besitzen ein Raumschiff und müssen Meteoriten abschießen. Bei den Spieloptionen gibt's unter *Position* die Möglichkeit, im Freien oder im Innenraum zu spielen. Außerdem können Sie mit eingeschaltetem Magnetkompass arbeiten oder ohne. Mit Kompass läuft es wesentlich besser. Ohne Kompass im Freien müssen Sie nämlich wieder ordentlich herumrennen, um die Richtung Ihres Raumschiffs zu bestimmen. Mit einem Druck auf den Joystick können Sie die anstürmenden Meteoriten abschießen.

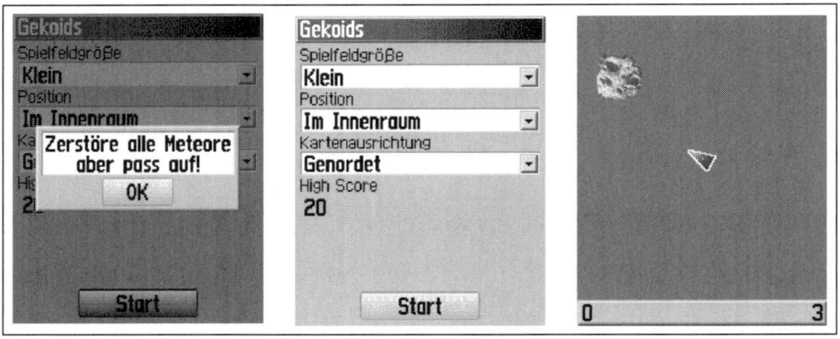

Abb. 3.9: Spielstart bei Gekoids

Bei der Kartenausrichtung bedeuten die beiden Optionen *Genordet* oder *Schiff oben*, dass entweder das Raumschiff gedreht wird oder die Karte sich um Sie herum dreht. Wenn Sie im Innenraum ohne Kompass spielen, müssen Sie die Richtung mit dem Joystick einstellen.

Beast Hunt

Die Jagd auf das Ungeheuer erfolgt in einem Labyrinth, in dem sich ein Drache versteckt. Sie sind mit Pfeil und Bogen unterwegs. An der richtigen Stelle spannen Sie den Bogen, wählen die richtige Schussrichtung und schießen den Pfeil ab.

Sie sehen aber immer nur die Felder, die Sie begehen. Insbesondere gibt es Fallgruben. Felder unmittelbar neben einer Fallgrube sind mit einem grünen Kreis gekennzeichnet. Durch geschicktes

Manövrieren können Sie einerseits Fallgruben, andererseits Felder in der Nähe des Drachens meiden, denn die erscheinen rot markiert. Um aber den Drachen abzuschießen, müssen Sie bis auf ein Feld an ihn herankommen. Dann drücken Sie auf den Joystick und ein Richtungspfeil erscheint. Mit dem Joystick wählen Sie eine der vier Schussrichtungen und drücken dann wieder auf den Joystick, um den Pfeil abzuschießen. Treffen Sie, haben Sie gewonnen, ansonsten wird Sie der Drache mit einem Feuerschwall braten. Auch wenn Sie zu früh geschossen haben, sind Sie fällig!

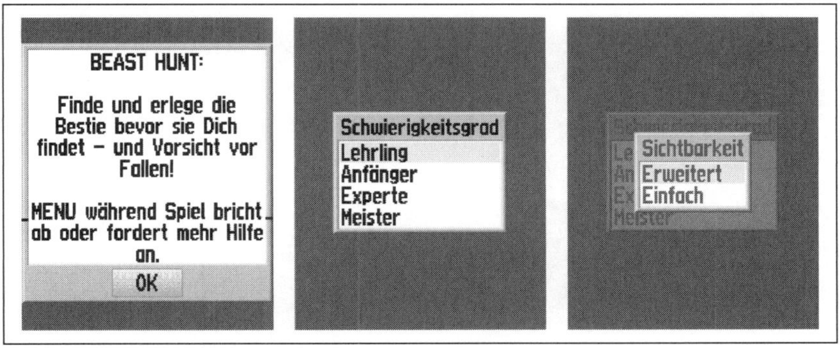

Abb. 3.10: Spielstart von Beast Hunt

Bei dem Spiel gibt es verschiedene Schwierigkeitsgrade und zwei Optionen für die *Sichtbarkeit*. Die einfachere ist die Option *Erweitert*, bei der alle bereits besuchten Felder sichtbar bleiben. Die Option *Einfach* zeigt die besuchten Felder immer nur ein Weilchen an, dann werden sie wieder unsichtbar und Sie müssen sich merken, wo Sie schon mal waren.

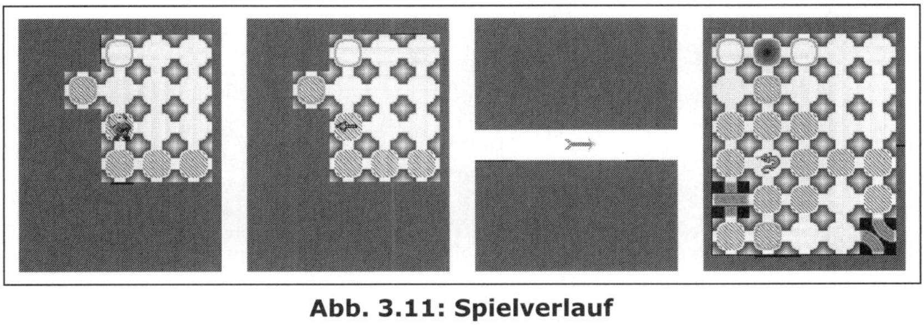

Abb. 3.11: Spielverlauf

Im Verlauf des Spiels gibt es noch einige Überraschungen. Es geht nicht immer geradlinig nach rechts, links, oben oder unten. Ab und zu sind Umleitungen eingebaut, die plötzlich um die Ecke laufen oder Felder überspringen. Wenn Sie den Pfeil wie in Abbildung 3.11 an der falschen Stelle oder in die falsche Richtung abgeschossen haben, dann erscheint am Schluss noch einmal die Übersicht über das gesamte Labyrinth.

4 Wegpunkte und Routen

Ziel des Kapitels

- Arbeiten mit Wegpunkten und Erstellen von Routen

Schritte zum Erfolg

- Wegpunkte während einer Wanderung aufnehmen
- Eine Route aus Wegpunkten aufbauen
- Eine Route navigieren

Wegpunkte aufnehmen

Neben dem Track, der automatisch aufgenommen wird, sind die Wegpunkte Objekte, die man selbst erstellen muss. Wegpunkte kann man an der aktuellen Position speichern, direkt als geografische Koordinaten eingeben oder auch über eine Verbindung zum PC einspielen.

Die Aufnahme einzelner Wegpunkte ist eine weitere Möglichkeit, den gegangenen Weg zu speichern. Man kann an jedem Knick eines Weges das GPS einschalten, um die Position als Wegpunkt aufzunehmen. Da das Gerät immer nur punktuell eingeschaltet wird, spart man damit Batteriestrom. Zu beachten ist jedoch, dass das Gerät auf jeden Fall lange genug eingeschaltet ist, damit es mit genügend Satelliten in Kontakt steht. Aus den Wegpunkten kann man sich dann auch eine Route zusammenstellen, die beispielsweise für den Rückweg oder eine spätere Navigation verwendet werden kann.

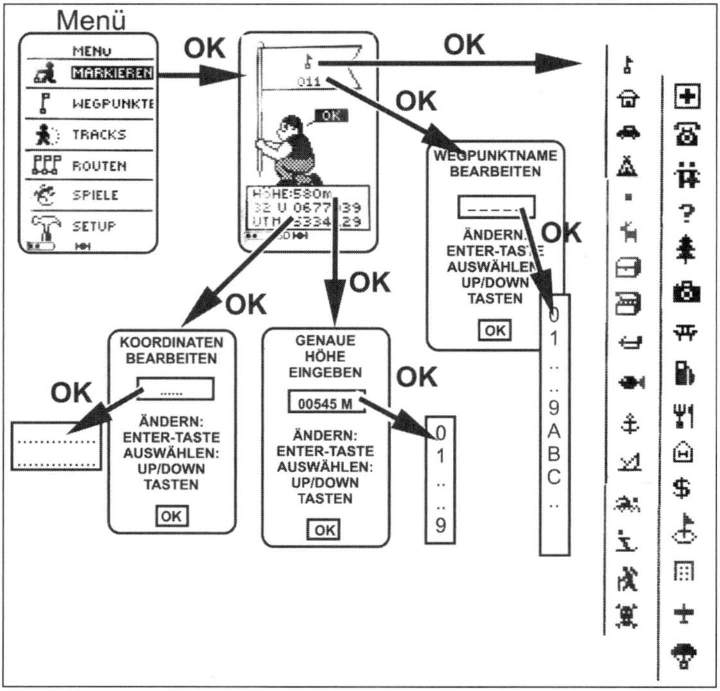

Abb. 4.1: Optionen zum Setzen von Wegpunkten

Die schnellste Methode, einen Wegpunkt zu speichern, besteht beim *Geko* darin, die *OK*-Taste etwas länger, das heißt ca. zwei Sekunden, zu drücken. Sogleich erscheint dann direkt die *Wegpunktseite* mit dem Fähnchen. Alternativ können Sie über die Menüseite aber auch unter MARKIEREN dorthin gelangen oder unter MARKIEREN im TRACK AUFZ VERSCHIEBEN-Dialogfenster.

Beim *eTrex*-Gerät müssen Sie den *Kippschalter* etwa eine Sekunde lang drücken, um auf die Wegpunktseite zu gelangen. Geändert werden die Vorgaben durch Setzen der orangefarbenen Markierung mit dem Kippschalter und danach einen kurzen Druck auf den Kippschalter. Dann können Sie wieder mit dem Kippschalter das Zeichen wählen und mit einem kurzen Druck übernehmen.

Beim *GPSmap* dient die Taste MARK zum Wechsel auf die Wegpunktseite.

Die Wegpunktseite bietet automatisch als Namen für den Wegpunkt eine dreistellige Nummer an und als Koordinaten die aktuelle Position. Meist wird man diese Einstellungen mit *OK* übernehmen. Auf diese Weise werden auf einer Wanderung die Wegpunkte automatisch in aufsteigender Nummerierung gespeichert. Abbildung 4.1 zeigt aber, dass Sie auch sämtliche Eintragungen Ihren Wünschen gemäß anpassen können. Sie durchlaufen die Vorgaben mit *Auf/Ab* oder mit dem *Kippschalter* und ändern die Eintragungen, oder Sie benutzen die *ENTER*-Taste, um die Wahl zu bestätigen.

Zahlreiche Zeichen können für das Logo gewählt werden, das auf der Kartenseite dann angezeigt wird. Der Name kann ganz wunschgemäß aus alphanumerischen Zeichen, also Zahlen und/oder Buchstaben, zusammengesetzt werden. Die geografischen Daten für Höhe und Koordinaten können auch nach Anwahl und *OK* geändert werden.

Wegpunkte verwalten

Die Verwaltung von Wegpunkten über die Menüseite ist sehr umfangreich. Eine Übersicht aller Optionen ist in Abbildung 4.2 gezeigt.

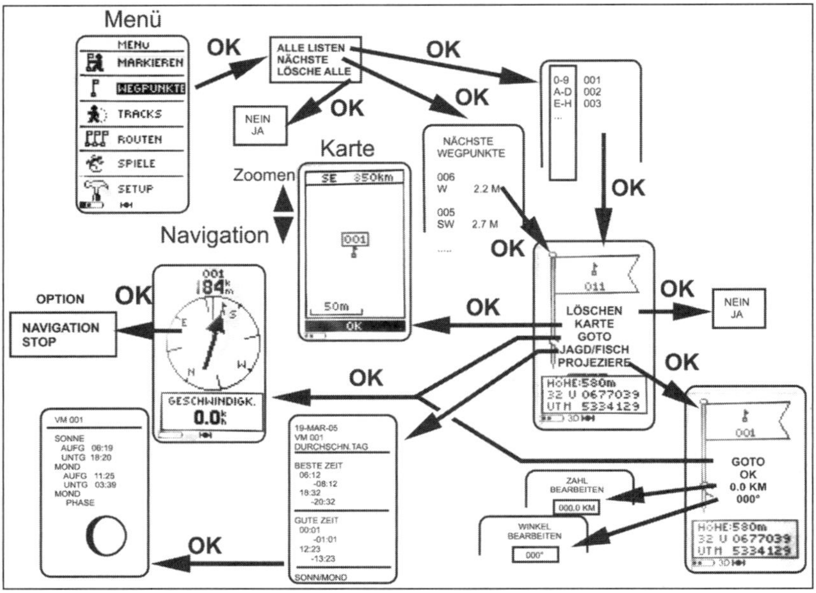

Abb. 4.2: Verwaltung von Wegpunkten

Besonders interessant sind folgende Möglichkeiten:

⇨ Mit der Option NÄCHSTE können die nächstgelegenen Wegpunkte nach der Entfernung sortiert angezeigt werden. Darunter wäre auch der aktuelle Zielpunkt – sofern mit PAN TRACK LOG über die Kartenseite gesetzt – mit dem Namen MAP.

⇨ Mit der Option KARTE kann ein ausgewählter Wegpunkt auf der Kartenseite angezeigt werden.

⇨ Sonnen- und Mondaufgang sowie Sonnen- und Monduntergang lassen sich über die Jagdinformationen zeigen.

⇨ Die direkte Navigation zu einem ausgewählten Wegpunkt wird über die Option GOTO aktiviert.

⇨ Einen neuen Wegpunkt können Sie durch Projektion, das heißt über die Angabe von Abstand und Richtung von einem existierenden Wegpunkt aus, erzeugen.

Nächstgelegene Wegpunkte

Wählen Sie auf der Menüseite WEGPUNKTE und drücken Sie *OK*. Aus dem Menü ALLE LISTEN – NÄCHSTE – ALLE LÖSCHEN wählen Sie NÄCHSTE. Die nächstgelegenen Wegpunkte werden nach Entfernung sortiert angezeigt. Mit *Auf/Ab* können Sie einen Wegpunkt auswählen und mit *OK* dann verschiedene Aktionen ausführen:

⇨ LÖSCHEN: Löscht den gewählten Wegpunkt.

⇨ KARTE: Zeigt den Wegpunkt auf der Kartenseite an.

⇨ GOTO: Macht den aktuellen Wegpunkt zum neuen Navigationsziel und öffnet die Seite NAVIGIEREN. Es wird dann eine Kettenlinie auf der Kartenseite zu diesem Wegpunkt angezeigt. Sie können dann dorthin navigieren und bekommen ständig die Entfernung angezeigt.

⇨ JAGD/FISCH: Gibt Zeiten für Jagd und Fischfangund auch die Zeiten für Mond- und Sonnenauf- sowie -untergang an. Auch die Mondphasen können hier abgerufen werden.

⇨ PROJEZIERE: Dient zum Berechnen von neuen Wegpunkten durch Angabe von Entfernung und Marschzahl (Kompassrichtung).

Anzeige des Wegpunkts auf der Karte

Die Option KARTE führt direkt zur Kartenseite, auf der dann der gewählte Wegpunkt angezeigt wird. Der Wegpunkt wird mit seiner Nummer angezeigt, auch wenn bei den Karteneinstellungen die Wegpunktanzeige unterdrückt ist. In jedem Fall wird der gewählte Wegpunktname umrahmt hervorgehoben.

Sonnen- und Mondzeiten

Die Zeiten für Sonnen- und Mondaufgang sowie Sonnen- und Monduntergang sind etwas versteckt. Dazu müssen Sie erst die Option JAGD/FISCH im Wegpunkt und dann weiter die Option SONNE+MOND unterhalb der Jagdzeiten wählen. Auch die Mondphase wird Ihnen hier angezeigt.

Direkte Navigation zu einem ausgewählten Wegpunkt

Die Option GOTO führt Sie wieder auf die Navigationsseite und ermöglicht das direkte Navigieren auf geradem Weg zum gewählten Punkt.

Neuen Wegpunkt durch Projektion erzeugen

Interessant ist es auch, von einem existierenden Punkt aus einen neuen zu erzeugen. Dies ermöglicht die Option PROJEZIERE. Es wird automatisch ein neuer Wegpunkt angelegt, der über Polarkoordinaten vom gewählten Punkt aus definiert wird. Der neue Punkt trägt zunächst die Koordinatenangaben 0.0km und 000°. Diese Zahlen müssen Sie anwählen und können dann die Entfernung in Kilometer Ziffer für Ziffer eingeben sowie den Winkel. Dabei bedeutet 0° in Richtung Norden, 90° in Richtung Osten, 180° in Richtung Süden und 270° in Richtung Westen.

Diese Möglichkeit ist geeignet, unterwegs neue Wegpunkte aus der Karte zu erzeugen, auch wenn kein Computer zur Routenplanung vorhanden ist. Gehen wir davon aus, dass Sie am Startpunkt des Weges stehen, dann speichern Sie diese Position zunächst als Wegpunkt ab, indem Sie etwa zwei Sekunden auf die *OK*-Taste drücken.

Die Daten für die weiteren Wegpunkte sollen nun über Entfernungen und Winkel aus einer Karte abgemessen werden. Das Beispiel zeigt in Abbildung 4.3 den Ausschnitt aus einer Karte im Maßstab 1:25000, die von der Kartensoftware von *magicmaps* ausgedruckt wurde. Der Maßstab legt fest, dass 1 cm auf der Karte in der Natur dann 25.000 cm entspricht. Anders ausgedrückt, 1 cm auf der Karte ist ¼ km in der Natur. Die Software ermöglicht mit dem Werkzeug Strecke und Winkel messen die schnelle Bestimmung von Entfernungen und Richtungen. Sie ziehen damit um den Startpunkt herum einen Kreis durch den Zielpunkt auf und halten dabei die linke Maustaste gedrückt. In der untersten Leiste des Programms erscheinen nun Abstand zwischen Start und Zielposition sowie der Winkel zur Nordrichtung.

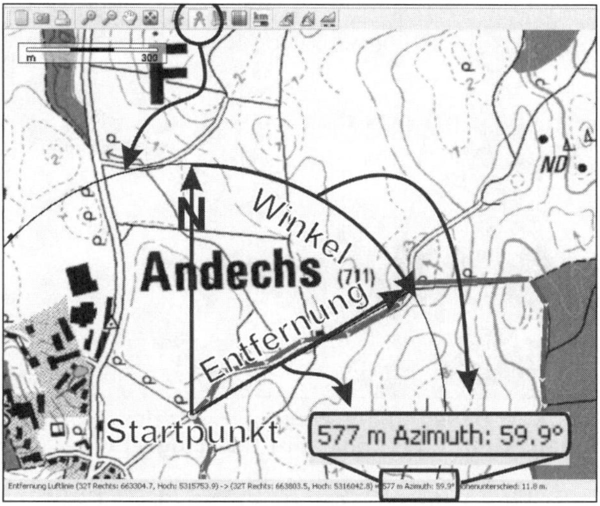

Abb. 4.3: Weg mit Messung der Entfernung und des Winkels in *magicmaps* (©MagicMaps GmbH, ©Bundesamt f. Kartographie u. Geodäsie)

Zum Ausmessen der Entfernungen auf der ausgedruckten Karte können Sie ein Lineal verwenden und dann im oben angegebenen Verhältnis umrechnen. Wenn Sie einen Kompass dabeihaben, finden Sie dort bestimmt geeignete Skalen, die Ihnen das Umrechnen abnehmen (siehe Abbildung 4.4). Die nachfolgende Abbildung zeigt nun den ermittelten Abstand für das erste Wegstück.

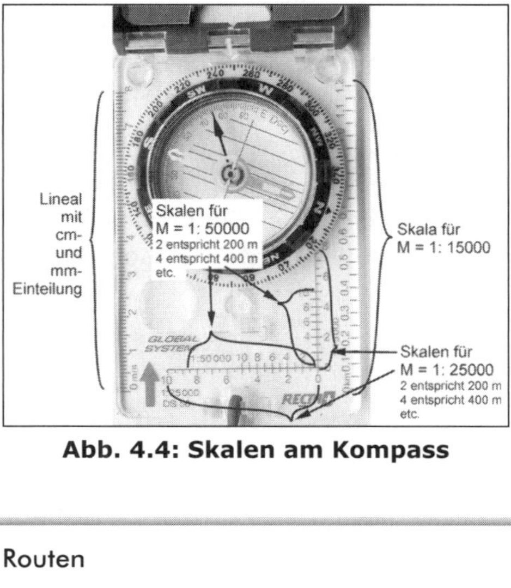

Abb. 4.4: Skalen am Kompass

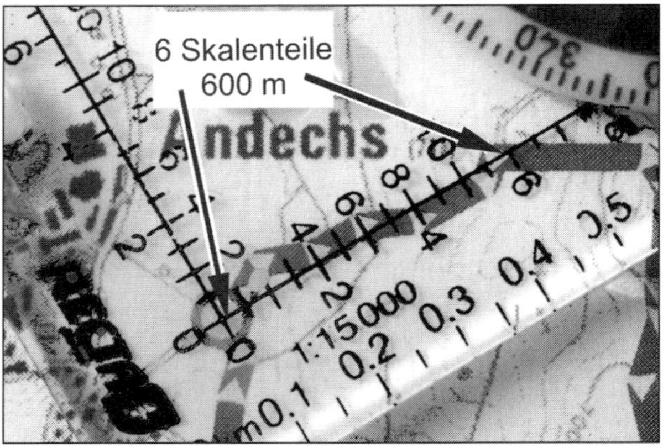

Abb. 4.5: Messung der Weglänge mit dem Kompass (©MagicMaps GmbH, ©Bundesamt f. Kartographie u. Geodäsie)

Als Nächstes wären die Winkel zu bestimmen. Geht man davon aus, dass der linke Kartenrand der Nordrichtung entspricht, kann man mit einigen Hilfslinien und einem Winkelmesser schnell die Werte nachmessen. Zeichnen Sie durch jeden Punkt des Weges eine Parallele zum Blattrand als Nordrichtung. Dann ziehen Sie eine Verlängerungslinie durch den betreffenden Wegabschnitt. Den Winkelmesser legen Sie nun mit seinem Mittelpunkt auf den Anfangspunkt des Wegsegments und die 0°-Position auf die Nordrichtung. Auf der Skala lesen Sie nun in Uhrzeigerrichtung den Winkel des Wegsegments ab, hier also 58° (Abbildung 4.6).

Damit können Sie nun den nächsten Wegpunkt eingeben. Auf der Menüseite wählen Sie `WEGPUNKTE` und gehen mit `ALLE LISTEN` in die Wegpunktauswahl, um mit *Auf/Ab* und *OK* Ihren Startpunkt auszuwählen. Im Menü dieses Wegpunkts wählen Sie `PROJEZIERE`. Es wird ein neuer Wegpunkt mit einer neuen Nummer angezeigt (Abbildung 4.7).

Der Ablauf der Eingabe ist in der Bilderfolge in Abbildung 4.7 gezeigt. Der aktuelle Wegpunkt trägt in diesem Fall die Bezeichnung `012`, der neue ist dann `013`.

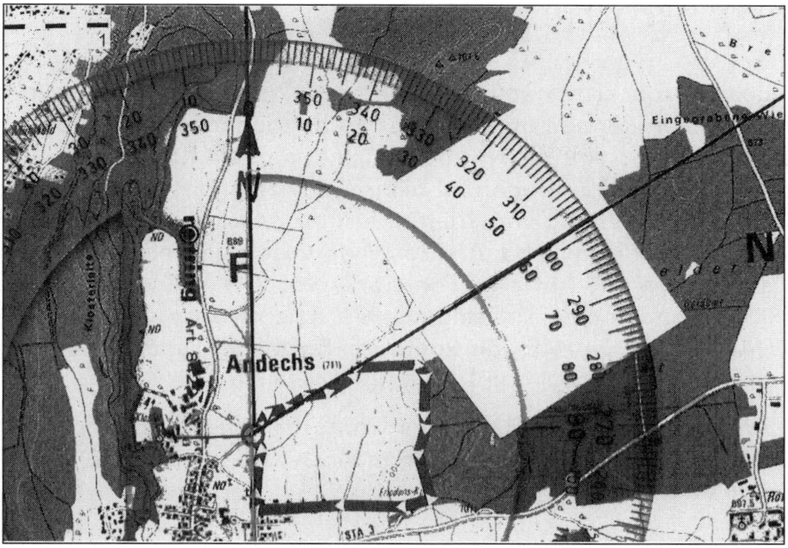

Abb. 4.6: Winkel (Marschzahl) mit Winkelmesser bestimmen (©MagicMaps GmbH, ©Bundesamt f. Kartographie u. Geodäsie)

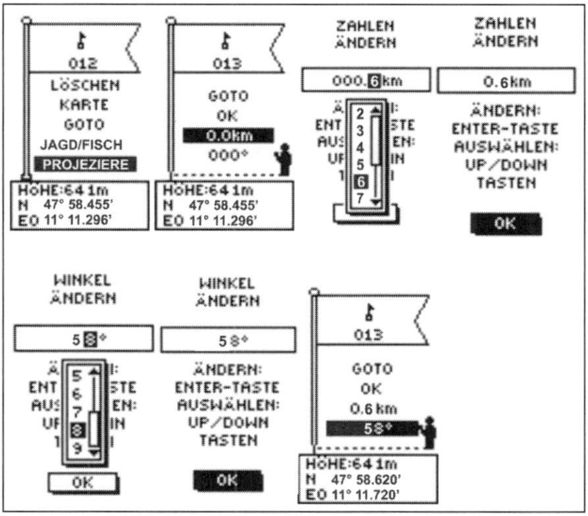

Abb. 4.7: Eingabe der Daten für einen projizierten Wegpunkt

Eine Route erstellen

Routen setzen sich nun aus mehreren Wegpunkten zusammen. Neue Routen können im *Geko* aus vorhandenen Wegpunkten aufgebaut werden. Ansonsten lassen sich komplette Routen auch wieder vom PC her übertragen. Abbildung 4.9 zeigt das überschaubare Menü zur Verwaltung von Routen. Insgesamt können im *Geko 201* 20 Routen mit jeweils bis zu 125 Wegpunkten gespeichert werden. Das Routen-Menü hat zwei Funktionen: NEUE ROUTE und ALLE LÖSCHEN. Wenn Sie eine einzelne Route löschen wollen, gehen Sie mit *Auf/Ab* auf die betreffende Route im Verzeichnis und finden dann nach *OK* dort die Funktion LÖSCHEN.

Wenn Sie NEUE ROUTE wählen, wird zunächst eine Route ohne Wegpunkte angezeigt, in die Sie dann nach *OK* frei wählbare Wegpunkte einwählen können.

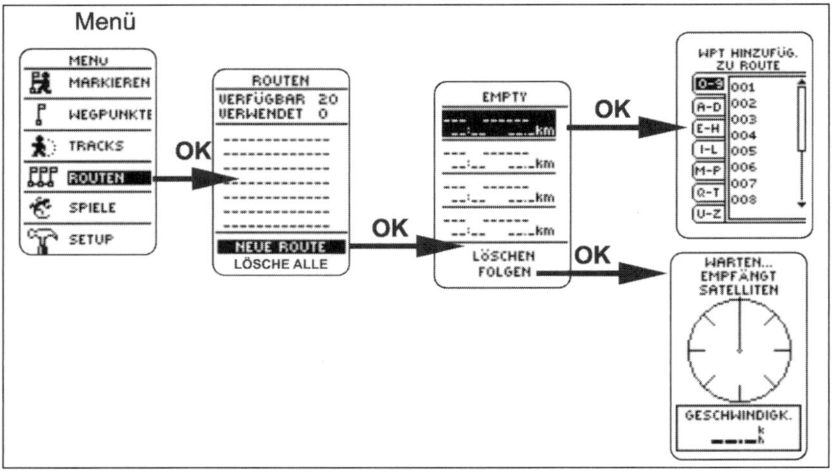

Abb. 4.8: Verwaltung von Routen

Wenn Sie keine Wegpunkte mehr einzugeben haben, finden Sie unterhalb der Auflistung der Wegpunkte zwei Funktionen: LÖSCHEN und FOLGEN. Mit der Funktion FOLGEN werden Sie zunächst aufgefordert, die Laufrichtung durch Wahl des Endpunkts zu wählen. Hier wählen Sie mit *Ab* im Normalfall den Punkt mit der höchsten Nummer mit

OK. Danach werden Sie zur Navigationsseite weitergereicht, wo Sie die Route abgehen können.

Route navigieren

Eine bestehende Route wählen Sie auf der Menüseite unter ROUTEN aus, indem Sie den Namen der Route mit *OK* anwählen. Sie bekommen dann noch mal alle Wegpunkte der Route angezeigt und wählen FOLGEN. Daraufhin werden Sie nach der Richtung gefragt. Wenn Sie beispielsweise die Wegpunkte 001 bis 014 in der Route haben und Sie wollen sie von Punkt 001 bis 014 durchlaufen, müssen Sie die Option ZU 014 wählen. Es wird dann zum Navigationsfenster geschaltet. Sollten Sie allerdings schon auf dem Startpunkt 001 stehen, dann wird Ihnen dort als nächster Wegpunkt gleich der Punkt 002 angezeigt (siehe Abbildung 4.9). Dazu sehen Sie auch das Symbol für diesen Wegpunkt und die Entfernung.

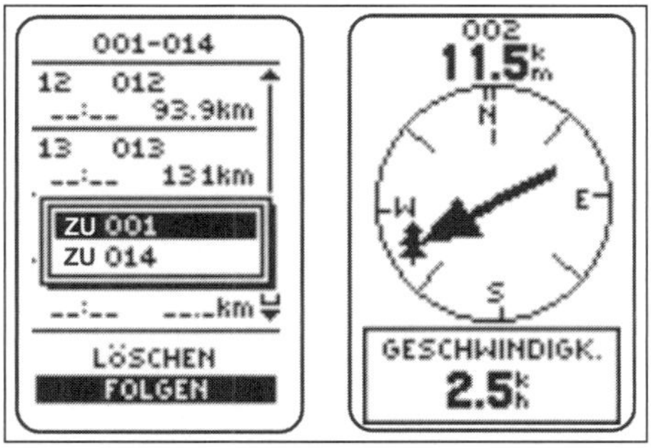

Abb. 4.9: Wählen der Richtung einer Route und Anzeige des zweiten Punkts

Im weiteren Verlauf Ihrer Wanderung werden Sie nun von Punkt zu Punkt geführt. Sie werden natürlich geradlinig zum jeweils folgenden Wegpunkt geleitet.

5 Route mit CD-Karten-material planen

Ziel des Kapitels

- Mit CD-Kartenmaterial wird eine Route geplant, an das GPS übertragen und im Gelände nachgegangen.

Schritte zum Erfolg

- Das CD-Kartenmaterial der Firma *magicmaps* wird in den PC geladen.
- Eine Route wird ausgearbeitet.
- Die Route wird ins GPS übertragen.
- Im Gelände wird dann nach der Route gegangen und die Ergebnisse des aufgezeichneten Tracks mit der Planung verglichen.

Übersicht über Kartensoftware

Es gibt eine große Anzahl von Kartensoftwareprodukten. Die Landesvermessungsämter in Deutschland geben unter dem Titel *TOP50* ein Kartenwerk im Maßstab 1:50000 für den PC heraus. Es erscheint teilweise auf CD oder DVD. Sehr nützlich ist zum Beispiel das *TOP50*-Kartenwerk für Bayern, das als DVD auch im Buchhandel erhältlich ist. Weitere Informationen über das deutsche Kartenwerk erhalten Sie unter *http:/www.adv-online.de*. Ähnliche Software, die nach dem gleichen Verfahren arbeitet, gibt es für die Alpenländer Österreich und Schweiz. Informationen über die österreichischen Karten erhalten Sie unter *http:/www.bev.gv.at*.

Der Deutsche Alpenverein stellt ebenfalls seine sehr detaillierten Karten im Maßstab 1:25000 als DVD zur Verfügung. Darin sind die markierten Wanderwege wie auf den Papierkarten eingezeichnet. Viele bekannte Skitouren können als Routen dazugeladen werden.

Die Firma GARMIN liefert für zahlreiche Länder digitale Karten unter der Bezeichnung *MapSource*. Für Deutschland gibt es zwei DVDs basierend auf dem Maßstab 1:25000, deren Teilkarten dann auch in die entsprechenden GPS-Geräte geladen werden können. Sie werden vom Trip & Waypoint Manager verwaltet, der den geeigneten GPS-Geräten dann beiliegt.

Schließlich bietet die Firma *magicmaps* ein sehr modernes Kartenwerk für alle Bundesländer basierend auf den Daten der Landesvermessungsämter im Maßstab 1:25000 an. Diese Software ist in den Sport- und Outdoor-Geschäften derzeit gut verbreitet. Hier wird die Karte *Bayern 3D* von *magicmaps* verwendet.

DVD-Kartenmaterial von magicmaps in den PC laden

Die Installation startet automatisch nach Einlegen der CD und erfolgt automatisch. Abbildung 5.1 zeigt die Benutzeroberfläche mit den fünf wichtigsten Fenstern. Links sehen Sie oben das Suchfenster, das über das Fernrohr-Werkzeug erreicht wird. Darunter liegt der GPS-Manager, den Sie über das Werkzeug mit der Weltkugel aktivieren. Daneben finden Sie die beiden Kartenfenster, die über die eindeutigen Buttons *3D* und *2D* aufgerufen werden können. Und rechts ist der Objekt-Manager zu sehen, der Ihre Wegpunkte, Tracks und Routen verwaltet. Er wird über das Werkzeug aufgerufen, das mehrere Symbole für alle diese Dinge vereint enthält. Ein sehr wichtiges Werkzeug ist noch unter dem Zahnrad verborgen, die Grundeinstellungen für das Programm.

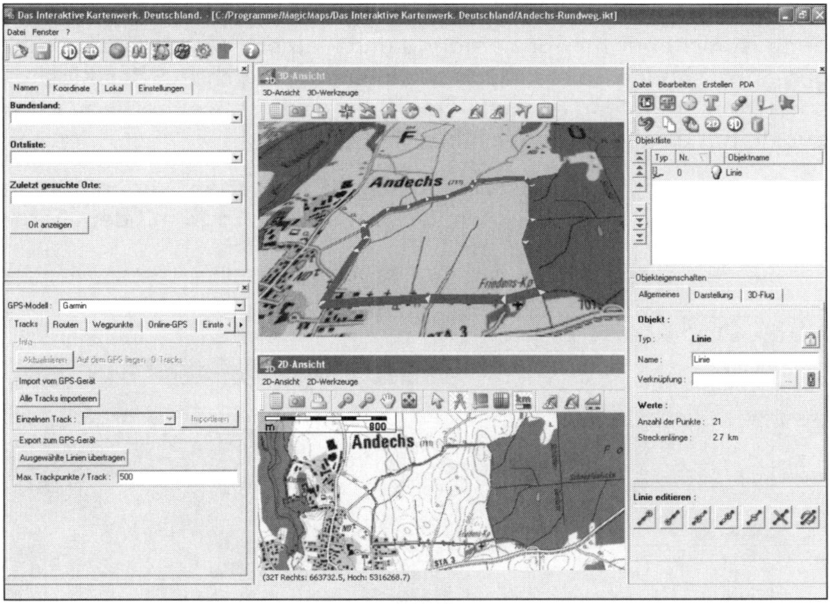

Abb. 5.1: Kartensoftware *Bayern 3D* von *magicmaps* (©MagicMaps GmbH, ©Bundesamt f. Kartographie u. Geodäsie)

Eine Route unter Bayern 3D ausarbeiten

Um eine Route für das GPS mit *Bayern 3D* auszuarbeiten, sind folgende Schritte nötig:

- ⇨ In der Karte ist der geplante Weg als *Linienzug* zu zeichnen.
- ⇨ Dieser Linienzug wird dann mit dem *GPS-Manager* ins GPS übertragen.

⇨ Für die spätere Wiederverwendung können Sie den Linienzug ggf. mit weiteren Tracks, Routen und/oder Wegpunkten mit dem *Objekt-Manager* als Projekt und einem zutreffenden Namen speichern und wieder laden.

Das Programm zur Übertragung der GPS-Daten ist also bei *magicmaps* in der Kartensoftware direkt enthalten.

Im vorliegenden Beispiel wird eine kleine Wanderung in der Nähe des beliebten bayerischen Klosters Andechs geplant. Die Umgebung ist nicht nur für Spaziergänge und kleinere Wanderungen sehr geeignet, sondern bietet auch zur Einkehr danach mit der Klosterschänke ein optimales Ziel. Das Bier dort ist weltberühmt, das dunkle hat es aber ordentlich in sich.

Um den benötigten Landkartenausschnitt zu suchen, können Sie in *Bayern 3D* die Funktion *Suchen* verwenden, das Logo mit dem Fernglas.

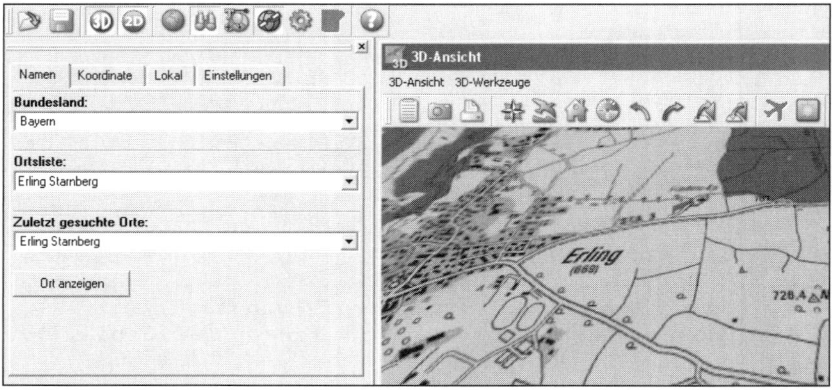

Abb. 5.2: Suchfunktion bei *magicmaps* (©MagicMaps GmbH, ©Bundesamt f. Kartographie u. Geodäsie)

Im Dialogfenster wählen Sie zuerst das Bundesland Bayern und dann den Ortsnamen. Hier wird es bei Andechs etwas schwierig. Man muss nämlich wissen, dass der Ort einst Erling-Andechs hieß bzw. heute Erling im Landkreis Starnberg. Damit werden Sie unter den beiden Alternativen für Erling die richtige finden. Mit einem Klick auf `Ort anzeigen` werden die Karten auf den Ort gezoomt. Auf der Karte finden Sie dann aber sofort den Namen Andechs für das Kloster mit der guten Brauerei.

Bevor Sie den ersten Linienzug für eine Route erstellen, sollten Sie wissen, wie der Kartenausschnitt verändert werden kann. Die Bedienung ist eigentlich recht intuitiv, wie man es von anderen Programmen mit Grafikdarstellungen her eventuell schon kennt. Sie können den Kartenausschnitt verschieben, üblicherweise als Pan-Funktion bezeichnet, und können ihn vergrößern oder verkleinern, was meist Zoom-Funktion heißt. Sie haben folgende Möglichkeiten:

- Karte verschieben oder Pan
  - Mausrad gedrückt halten und Maus bewegen
  - Werkzeug `Karte verschieben` aktivieren (Hand) und mit gedrückter linker Maustaste die Karte bewegen.
- Karte vergrößern
  - Mausrad vorwärts rollen
  - Werkzeug `Karte vergrößern` aktivieren (Lupe mit Pluszeichen) und einen Rahmen aufziehen mit Klicken und Ziehen.
- Karte verkleinern
  - Mausrad rückwärts rollen
  - Werkzeug `Karte verkleinern` aktivieren (Lupe mit Minuszeichen) und auf den Punkt klicken, der die neue Bildmitte bilden soll.

Mit dem Werkzeug `Gesamtansicht` können Sie auf eine Deutschland-Übersichtskarte umschalten. Wenn Sie dadurch Ihren letzten Ort aus dem Gesichtsfeld verloren haben, können Sie ihn mit dem `Suchwerkzeug` über das Listenfeld `Zuletzt gesuchte Orte` und Schaltfläche `Ort anzeigen` schnell wieder aktivieren.

Zur Erstellung des Linienzugs der Route ist eigentlich nur das 2D-Fenster nötig. Sie können es vergrößern, indem Sie auf dessen oberen Rand fahren und mit gedrückter Maustaste nach oben ziehen, sobald der Doppelpfeil erscheint. Nun zoomen Sie den benötigten Kartenausschnitt in das Fenster.

Aktivieren Sie den Objekt-Manager über das bunte Werkzeug neben dem Fernglas in der Haupt-Werkzeugleiste. Den Linienzug können Sie mit dem Werkzeug Linie erstellen erzeugen. Sie erhalten nach Aufruf der Funktion noch die Wahlmöglichkeit für die Farbe und Linienstärke etc.

Unten im Objekt-Manager erscheinen die Objekteigenschaften. Im Register Allgemeines können Sie einen treffenden Namen für die geplante Route eingeben. Das Register Darstellung ist wichtig für Farben und Linienbreite. Auch können Sie hier den Linienzug transparent gestalten und die Breite der Linien wählen. Die Linien sind normalerweise rot und die Punkte gelb. Der aktuelle Punkt wird violett markiert.

Die einzelnen Punkte des Linienzugs werden nun in der Karte nacheinander angeklickt, beendet wird mit der Taste *ESC*. Denken Sie daran, die einzelnen Liniensegmente nicht zu lang zu gestalten, damit Sie später nicht neben den Wegen im Acker laufen müssen, um der Route zu folgen. Im Wald wäre es nicht so schlimm, aber bei Wegen, die durch die Äcker gehen, sollte man sich doch an die Wegführung der Karte halten. Sie können während der Eingabe der Positionen auch die Karte mit den Funktionen des Mausrads verschieben, vergrößern oder verkleinern. Sollten Sie aber die Werkzeuge der Kartenseite dazu verwenden, wird die Erstellung des Linienzugs abgebrochen. Sie können eine abgebrochene Linie weiterführen, wenn Sie sie durch Anklicken markieren, den letzten Punkt anklicken und unten im Objekt-Manager bei Linie editieren die Funktion Punkt nach aktueller Position einfügen wählen. Nach dem letzten Punkt beenden Sie mit *ESC*. Die Markierung eines Linienzugs beenden Sie, indem Sie auf eine beliebige Position daneben klicken (siehe Abbildung 5.3).

Die einzelnen Endpunkte der Liniensegmente stellen später die Wegpunkte für das GPS dar. Um sie sichtbar zu machen, brauchen Sie den Linienzug nur durch Anklicken zu markieren. Sie erscheinen standardmäßig als kleine Dreiecke in gelber Farbe. Die Spitzen der Dreiecke weisen in die Gehrichtung. Mit dem Werkzeug Anfang / Ende vertauschen unten im Objekt-Manager können Sie eine solche geplante Route auch umkehren. Man erkennt die Wirkung leicht an den Dreiecken.

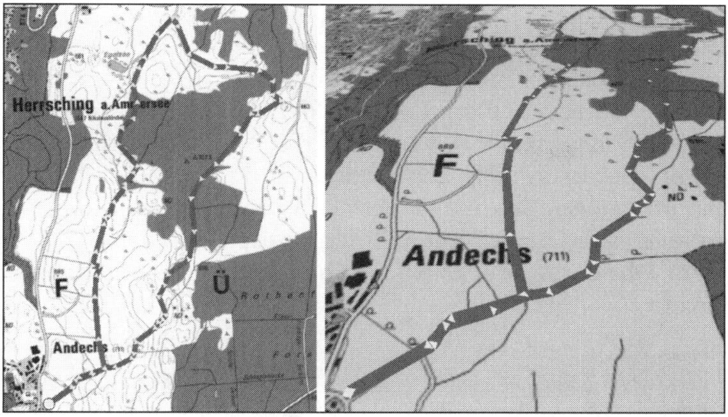

Abb. 5.3: Geplanter Weg als Linienzug (©MagicMaps GmbH, ©Bundesamt f. Kartographie u. Geodäsie)

Sie können für die geplante Route auch im `Objekt-Manager` unter `Objekteigenschaften` im Register `Darstellung` die Funktion `Höhenprofil` aufrufen. Als Ergebnis wird Ihnen nun ein Geländeschnitt angeboten, auf dem Sie den Höhenverlauf und die Länge des Weges beurteilen können. Wenn Sie im Fenster `Höhenprofil für Strecke` unter `Einstellungen` die beiden Funktionen `Höhenprofil mit Übersichtskarte koppeln` und `Linienpunkte markieren` aktivieren, können Sie die Positionen einzelner Punkte im Höhenprofil auch in der Kartendarstellung markieren lassen.

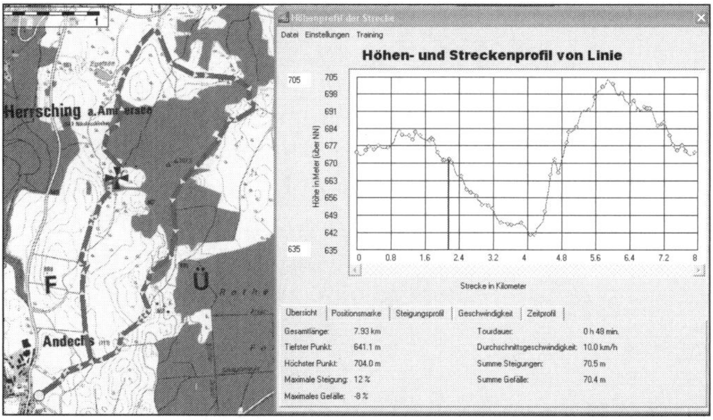

Abb. 5.4: Ermittelter Höhenschnitt mit zugeordneter Position in der Karte (©MagicMaps GmbH, ©Bundesamt f. Kartographie u. Geodäsie)

Im Fenster Höhenprofil für Strecke gibt es unten noch einige interessante Register. Unter Übersicht finden Sie Angaben wie Gesamtlänge und Tourdauer, maximale Steigung und vieles mehr. Bei Positionsmarke werden Daten der markierten Position sichtbar. Die Register Steigungsprofil und Zeitprofil sind für Bergsteiger und Radfahrer interessant. Die Zeitangaben hängen alle von den Eintragungen im Register Geschwindigkeit ab. Dort sind Vorgaben eingetragen, die eher gemütlichen Radfahrgeschwindigkeiten entsprechen. Für Wanderer oder Biker sind hier unbedingt passende Werte einzutragen.

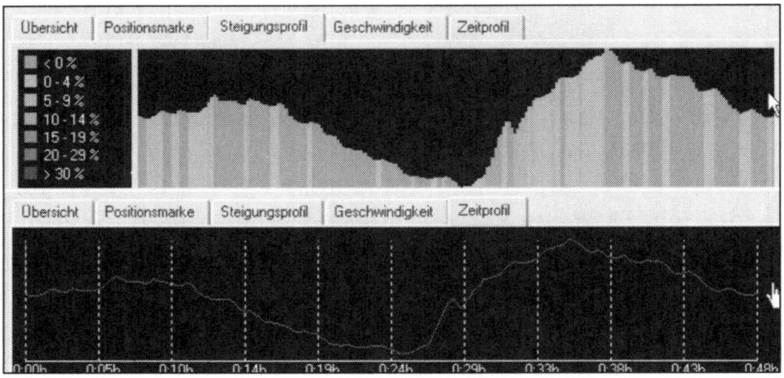

Abb. 5.5: Profile für Steigung und Zeit (©MagicMaps GmbH, ©Bundesamt f. Kartographie u. Geodäsie)

Daten als Projekt speichern

Die gezeichnete Route, die Markierungen und auch sonstige eigene Grafikobjekte sind an sich Fremdkörper im Kartenfenster und werden in ihrer Gesamtheit als *Objekte* bezeichnet. Diese Objekte werden beim Beenden des Programms auf Anfrage als Projekt gespeichert. Zusätzlich gibt es im Objekt-Manager die Funktionen Datei > Projekt speichern, > Projekt speichern unter und Datei > Projekt laden, um selbst gezielt Projekte zu verwalten.

TIPP

Denken Sie bitte bei der Planung der Wege stets daran, sich so in der Natur zu bewegen, dass Sie eine Störung oder Beeinträchtigung für die Tier- und Pflanzenwelt vermeiden. Naturschutzgebiete und -zonen sind unbedingt zu umgehen und auch sonst ist es in Wald und Flur ratsam, auf bestehenden Wegen zu bleiben, um das Wild nicht in seinem Lebensraum unnötig zu stören.

Die Route ins GPS übertragen

Die Objekte aus dem `Objekt-Manager` können nun mit dem `GPS-Manager` in das GPS übertragen werden. Wenn Sie ein GPS per USB an den PC anschließen, müssen Sie zunächst den Treiber für GARMIN-USB-Geräte laden. Beim ersten Versuch werden Sie automatisch darauf hingewiesen. Die Treiber befinden sich auf der *Trip & Waypoint Manager CD*, die dem Gerät beiliegt. Das Betriebssystem lädt sie automatisch, wenn die CD im Laufwerk liegt. Bei älteren Geräten gibt es auch einen Anschluss über die serielle Schnittstelle mit einem neunpoligen Stecker. Es gibt auch die Möglichkeit, das serielle Kabel später durch ein Adapterkabel mit dem USB-Anschluss zu verbinden. Dabei wird durch einen entsprechenden Treiber die serielle Schnittstelle emuliert. Das ist besonders für Laptop-Benutzer interessant.

Bevor Sie die Daten mit dem `GPS-Manager` übertragen, sollten Sie im Register `Einstellungen` überprüfen, ob die richtige Schnittstelle aktiviert ist.

Abb. 5.6: GPS über serielles Kabel und USB-Adapter am Laptop

Beim Start des GPS-Managers wählen Sie also zuerst die Schnittstelle, an der Ihr GPS hängt. Dann können Sie Daten vom GPS herunterladen oder Daten zum GPS übertragen.

Vom PC zum GPS und umgekehrt

Sie können die Linien aus dem Objekt-Manager in das GPS als Tracks oder Routen übertragen. Markieren Sie dazu die Objekte im Objekt-Manager und markieren Sie das passende Register Tracks oder Routen im GPS-Manager. Dann klicken Sie auf die Schaltfläche Ausgewählte Linien übertragen. Umgekehrt können auch alle Tracks, Routen und Wegpunkte aus dem GPS in den Objekt-Manager übertragen werden. Sie können Sie dann mit dem Objekt-Manager in einer Projektdatei speichern.

Die Routen und Tracks vom GPS erscheinen nach der Übertragung als Linien im Objekt-Manager. Die eingespielten Wegpunkte werden Textpunkte im Objekt-Manager.

Abb. 5.7: GPS-Manager bei *magicmaps* (©MagicMaps GmbH)

Im Gelände nach der Route gehen und Vergleich mit der Planung

Durch diese sorgfältige Vorbereitung einer Route ist das Gehen im Gelände nach diesen Vorgaben ein Kinderspiel. Wählen Sie im GARMIN die Seite `Menü` und wählen Sie `ROUTEN`. Dort gehen Sie auf die übertragene Route – sie wird unter einem Namen wie *ROUTE 000* oder ähnlich angeboten – und drücken auf *OK*. Nun wählen Sie `Folgen` und können in einem extra Fenster als Zielpunkt der Tour entweder den Startpunkt *RP0000* oder den Endpunkt *RP0063* (63 ist hier die Nummer für den letzten Wegpunkt der Route) wählen. Damit geben Sie an, ob Sie die Route in der gezeichneten Richtung oder entgegengesetzt durchlaufen wollen. Danach wird Ihnen im Fenster `Navigation` immer die Richtung zum nächsten Routenpunkt angezeigt, nach der Sie die ganze Route gehen können.

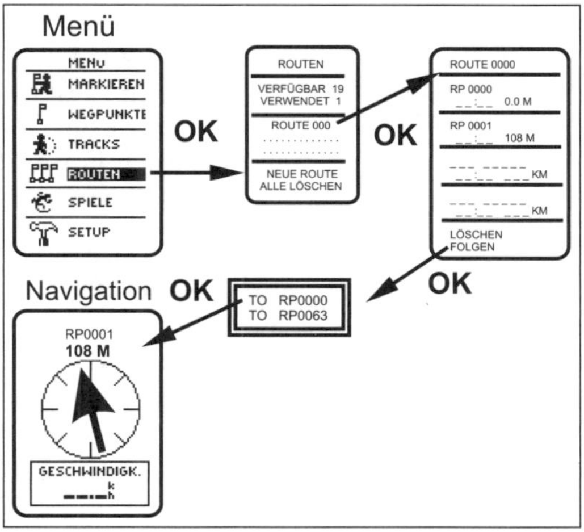

Abb. 5.8: Einstellungen für die Routenverfolgung

Sie brauchen sich beim Gehen jetzt nur noch nach der angezeigten Richtung im Navigation-Fenster zu richten. Wenn Sie das mit der früher nötigen Kartenarbeit vergleichen (siehe Kapitel 9), wo erst der Kompass auf der Karte für jedes Wegstück ausgerichtet werden, dann die Richtung im Gelände angepeilt werden musste und zusätzlich immer noch markante Punkte zur Korrektur mit vermessen werden mussten, dann ist das jetzt mit dem GPS ein sehr bequemes Vorgehen.

Keine Technik ist aber ohne Nachteile. Die GPS-Navigation klappt eben nur, solange die Batterien nicht alle sind. Deshalb sollte man immer mindestens einen Satz Reservebatterien dabeihaben. Zum Batteriesparen kann man jederzeit das GPS ausschalten, wenn die Wegrichtung klar ist. In dem Beispiel wurde auch bei klaren Wegverhältnissen abgeschaltet und kurz vor Wegverzweigungen wieder eingeschaltet, um Richtungsentscheidungen zu treffen. Denken Sie vor allem immer daran, dass das Gerät erst nach einigen Schritten Ihre Gehrichtung erkennen kann und auch dann erst eine sinnvolle Richtungsinformation liefert.

Im tiefen Wald ist manchmal auch der Satelliten-Empfang schwächer, was zu Wegungenauigkeiten bis hin zur Orientierungslosigkeit führen kann. Dann sollte man baldmöglichst eine Lichtung oder den Waldrand aufsuchen, um wieder genaue Richtungsinformationen zu erhalten.

Zur Überprüfung habe ich den bei der Route automatisch aufgenommenen Track wieder in die Kartensoftware zurückübertragen. Man kann schön die Abweichungen erkennen. Einmal bin ich im Wald, wo sowieso der geplante Weg auf keinem Kartenweg verlief, mehr den begehbaren Pfaden gefolgt, an anderen Stellen, wo eindeutige Straßen und Wege verliefen, habe ich das GPS abgeschaltet, weil die Richtung eindeutig war (siehe Abbildung 5.9).

Zum Abschluss soll noch die 3D-Darstellung des Geländes vorgestellt werden. Abbildung 5.10 zeigt die Gegend von Abbildung 5.9 in geeigneter 3D-Darstellung. Links im Bild ist das Werkzeug `3D-Perspektive` aktiviert. Es ist das Werkzeug mit dem Windrosen-Logo aus dem `3D-Fenster`. Hier können Sie die Höhe und die Koordinaten Ihrer Position eingeben, auf der Kompassdarstellung kann die Blickrichtung gewählt werden. Darunter können Sie die Neigung variieren.

Sie können aber auch mit etwas Übung mit der Maus dreidimensional navigieren. Wenn Sie das Mausrad rollen, verändern Sie den Neigungswinkel. Je kleiner der Winkel wird, desto flacher schauen Sie, je steiler, desto mehr schauen Sie direkt von oben. Bei gedrücktem Mausrad haben Sie eine Art Flugzeugsteuerknüppel in der Hand. Bewegen Sie dann die Maus nach links, fliegen Sie nach links, nach rechts machen Sie eine Rechtskurve. Ihre Position bewegt sich also nach links oder rechts.

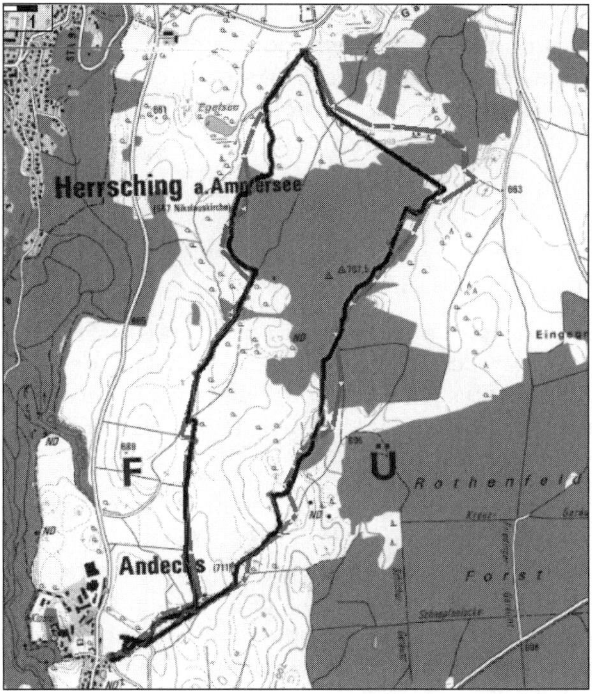

Abb. 5.9: Vergleich: Geplanter (grau) und gelaufener Weg (schwarz) (©MagicMaps GmbH, ©Bundesamt f. Kartographie u. Geodäsie)

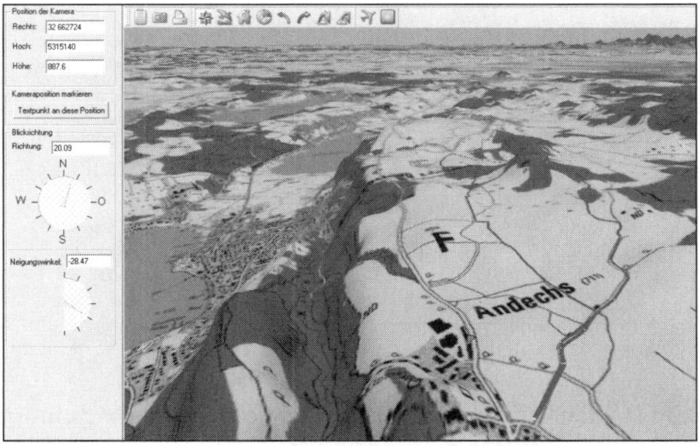

Abb. 5.10: 3D-Darstellung des Geländes (©MagicMaps GmbH, ©Bundesamt f. Kartographie u. Geodäsie)

Fahren Sie mit der Maus bei gedrücktem Rad nach vorne, steigt Ihr Flugzeug, fahren Sie nach hinten, dann sinkt es. Wenn Sie die Maus mit gedrückter linker Taste nach links bewegen, so dreht sich Ihre Blickrichtung nach links, andernfalls nach rechts. Hierbei bewegt sich also nicht Ihre Position, sondern der Punkt am Horizont.

Um Ihre Position zu ändern, können Sie auch in die `2D-Ansicht` wechseln und dort die Karte verschieben. Dann gibt es ein Werkzeug `2D-Position in 3D-Ansicht anzeigen`. Damit übertragen Sie die neue Position in das `3D-Fenster`.

Für eine eindrucksvollere Darstellung ist meist nützlich, die Berge überhöht darzustellen. Dazu können Sie aus der Haupt-Werkzeugleiste `Einstellungen` (Zahnrad) wählen und im Register `3D-Ansicht` einen `Skalierungsfaktor` über 100% wählen, beispielsweise 500 wie im obigen Beispiel.

n 3D-Charakter der Landschaft zu erfahren. Damit fliegen Sie entlang Ihres letzten Linienzugs. Im `Objekt-Manager` finden Sie bei einem aktivierten Linienzug unter den Objekteigenschaften im Register `3D-Flug` noch Feinheiten für den 3D-Flug. Sie können die Flughöhe einstellen und einen Endlosflug aktivieren. Stellen Sie die Höhe nicht zu niedrig ein. Bei zu kleiner Höhe wirkt die Flugbewegung unrealistisch.

Übersicht zu den magicmaps-Werkzeugen

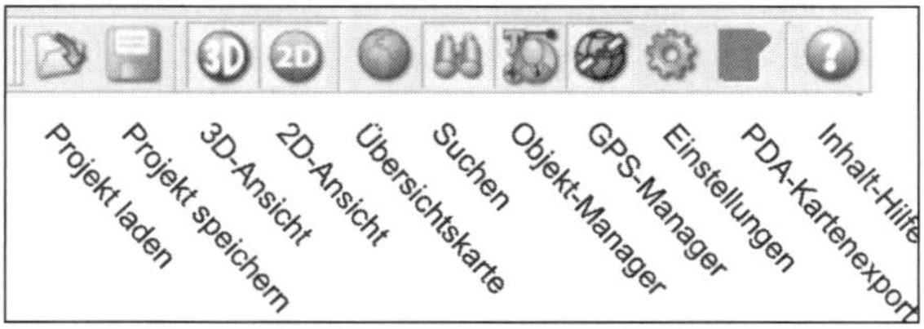

Abb. 5.11: Haupt-Werkzeugleiste

⇨ `Projekt laden`: Ein Projekt kann aus einer Projektdatei geladen werden. Projektdateien können alle Objekte wie Bildpunkte, Texte, Markierungen, Beschriftungen, Linienzüge oder Flächen enthalten, die Sie mit dem `Projekt-Manager` erzeugen und verwalten können. Es sind Dateien mit der Endung `*.ikt`.

⇨ `Projekt speichern`: Alle Objekte aus dem Projekt-Manager können hiermit in einer Projektdatei gespeichert werden.

⇨ `3D-Ansicht`: Die perspektivische 3D-Ansicht wird hiermit aktiviert und deaktiviert. Das Ansichtsfenster kann über Ziehen an seinem Rand vergrößert und verkleinert werden. Mit dem Mausrad können in der Ansicht Höhe der Position und Neigung der Blickrichtung variiert werden. Zur besseren Ansichtssteuerung kann das 3D-Werkzeug `3D-Perspektive` aktiviert werden.

⇨ `2D-Ansicht`: Die Draufsicht auf die Landkarte wird damit aufgerufen. Durch Zoomen mit dem Mausrad kann darin leicht der Maßstab angepasst werden.

Abb. 5.12: Übersichtskarte mit Kamera und 2D-Bereich (©MagicMaps GmbH, ©Bundesamt f. Kartographie u. Geodäsie)

⇨ `Übersichtskarte`: Die Übersichtskarte zeigt Deutschland mit der aktuellen Position aus dem 3D-Fenster mit dem Öffnungswinkel der Kamera. Dieses Symbol läuft beim 3D-Navigieren mit.

Das kleine Rechteck entspricht dem Ausschnitt, der momentan in der 2D-Ansicht zu sehen ist.

⇨ `Suchen`: Mit der Suchfunktion können Sie im Register `Namen` nach Auswahl des Bundeslandes nach ausgewählten Orten suchen. Oft müssen Sie Ortsname und Landkreis zwecks Eindeutigkeit kombiniert wählen. Im Register `Koordinate` können Sie einen eingegebenen Koordinatenpunkt auf den Karten anzeigen lassen. Die Art der Koordinaten wird mit dem `Einstellungen`-Werkzeug (Zahnrad) vorgegeben. Im Register `Lokal` können Sie die Ortssuche auf einen wählbaren Umkreis um die aktuelle Position in der 2D- oder 3D-Ansicht beschränken. Im Register `Einstellungen` wählen Sie, in welchen Ansichten Sie das Suchergebnis sehen wollen, und aktivieren ggf. einen Textpunkt an der Position. Die Textpunkte können Sie nach Bedarf in die 3D-Darstelluung wie Ortsschilder einpflanzen.

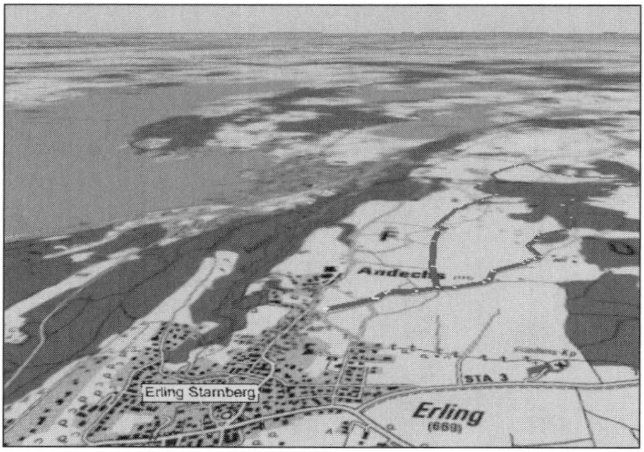

Abb. 5.13: 3D-Ansicht mit Textpunkt an einem Suchziel (©MagicMaps GmbH, ©Bundesamt f. Kartographie u. Geodäsie)

⇨ `Objekt-Manager`: Der Objekt-Manager verwaltet alle von Ihnen zur Karte hinzugefügten Objekte wie Bildpunkte, Textpunkte, Markierungen, Beschriftungen, Linienzüge und Flächen. Er verfügt dafür über ein eigenes Menü.

⇨ `GPS-Manager`: Der GPS-Manager dient zum Datentransfer zum oder vom GPS-Gerät. Wichtig ist die Wahl der gewünschten

Schnittstelle (USB oder Seriell) im Register `Einstellungen`. Alle Tracks, Routen und Wegpunkte können importiert werden oder alle Punkt- und Linienobjekte aus dem Objekt-Manager können exportiert werden. Mit der Funktion `Online-GPS` können Sie das Programm zur direkten Aufnahme von Positionen oder Linienzügen benutzen.

Abb. 5.14: GPS-Manager (©MagicMaps GmbH)

⇨ `Einstellungen`: Viele Grundeinstellungen für Kartenfenster, Koordinaten und Kamera können Sie hier eingeben.

  ⇨ Register `3D-Ansicht`: Mit der Überhöhung können Sie einstellen, wie weit die Berghöhen verstärkt dargestellt werden sollen. Wenn Sie relativ flach mit wenig geneigter Blickrichtung über das Gelände schauen, reicht eine Überhöhung von 100% aus. Bei steilerem Blickwinkel von weit oben ist eine Überhöhung bis zu 500% sinnvoll.

  ⇨ Register `2D-Ansicht`: Durch Aktivieren der `Höhenangabe in 2D-Ansicht` können Sie die Anzeige der Höhe der aktuellen Kartenposition in der Ausgabezeile unten erreichen.

  ⇨ Register `Koordinaten`: Sie können hier zwischen den gängigen Koordinatensystemen `Gauß-Krüger (D)`, `Geografisch` und `UTM` wählen. In der `2D-Ansicht` können Sie die entsprechenden Koordinatennetze anzeigen lassen.

- Register Verzeichnisse:Hier geben Sie die Verzeichnispfade zum Speichern der Projekte sowie der Im- und Exportdateien in verschiedenen Formaten an.
- Register Allgemeines: Hier können Sie insbesondere den Öffnungswinkel der Kamera angeben. Üblich sind etwa 40°. Interessant ist auch die Schaltfläche Startansicht festlegen. Damit wird für die 3D-Ansicht eine Ansicht festgelegt, die dort per Knopfdruck jederzeit wieder angezeigt werden kann.

- PDA-Kartenexport: Dieses Werkzeug ist nur aktiv, wenn Sie über eine Lizenz für die Zusatzsoftware *MagicMaps2Go* verfügen.
- Inhalt-Hilfe: Mit diesem Werkzeug holen Sie sich die notwendige Hilfe.

Die Werkzeugleiste der 2D-Ansicht

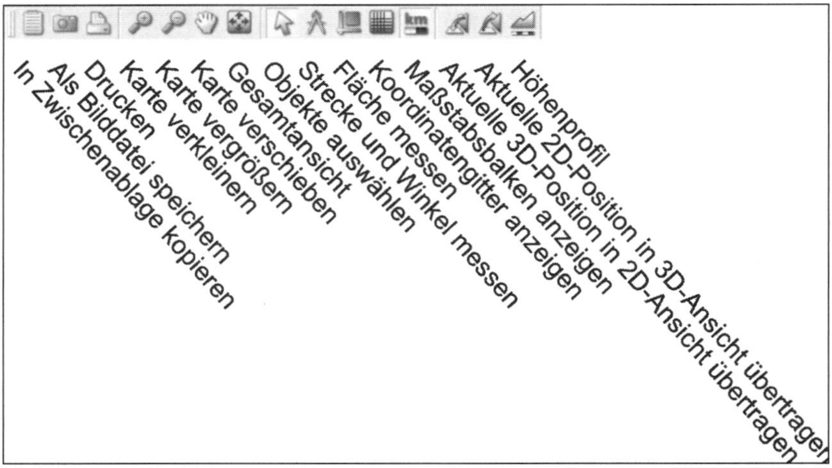

Abb. 5.15: Werkzeugleiste 2D-Ansicht

- In Zwischenablage kopieren: Zur Weiterbearbeitung des Bildschirminhalts kann hiermit die aktuelle 2D-Ansicht in die Zwischenablage kopiert werden, von wo sie für andere Programme etwa zur Bildbearbeitung oder zum Einfügen in Texte verwendet werden kann.

- `Als Bilddatei speichern`: Sie speichern hiermit die 2D-Ansicht als Rasterbild im Bitmap-Format (*.`BMP`).

- `Drucken`: Diese Funktion druckt den aktuellen Kartenausschnitt mit einem wählbaren Maßstab aus. Damit können Sie sich Ihr Kartenmaterial für unterwegs bequem erstellen.

- `Karte verkleinern`: Diese Zoom-Funktion verkleinert die Karten um einen Faktor 2, wobei die angeklickte Position die neue Bildschirmmitte bildet.

- `Karte vergrößern`: Hiermit wird der Bildschirmausschnitt vergrößert. Sie können wieder eine Position anklicken, die dann zur neuen Bildschirmmitte wird, wobei die Karte um einen Faktor 2 vergrößert wird. Alternativ können Sie auch einen Rahmen aufziehen, der dann den neuen Bildschirmausschnitt definiert.

- `Karte verschieben`: Nach Wahl dieser Funktion können Sie den Kartenausschnitt bei gedrückter Maustaste in beliebige Richtungen verschieben.

- `Gesamtansicht`: Diese Funktion liefert Ihnen eine Übersichtskarte über Deutschland als Startansicht zur Suche auf der Landkarte.

- `Objekte auswählen`: Sie müssen diese Funktion aufrufen, damit Sie Objekte wie Routen, Tracks (Linienzüge) oder Punkte anklicken und im Objekt-Manager bearbeiten können.

- `Strecke und Winkel messen`: Sie können hiermit die Entfernung zwischen zwei Punkten sowie die Kompassrichtung der Verbindungslinie in der Leiste unten anzeigen lassen. Auch die Höhendifferenz wird sichtbar. Am ersten Punkt müssen Sie die Maustaste drücken und dann zum zweiten Punkt ziehen. Das Programm zeigt dann im dynamischen Modus einen Kreis für die Entfernung und die Verbindungslinie der beiden Punkte an (siehe Abbildung 5.16).

- `Fläche messen`Durch Anklicken mehrerer Positionen in der Karte ziehen Sie ein Vieleck auf, dessen Flächeninhalt in der Leiste unten angezeigt wird. Die Positionen müssen im Umlaufsinn aufeinanderfolgend eingegeben werden. Die Funktion wird mit *ESC* beendet.

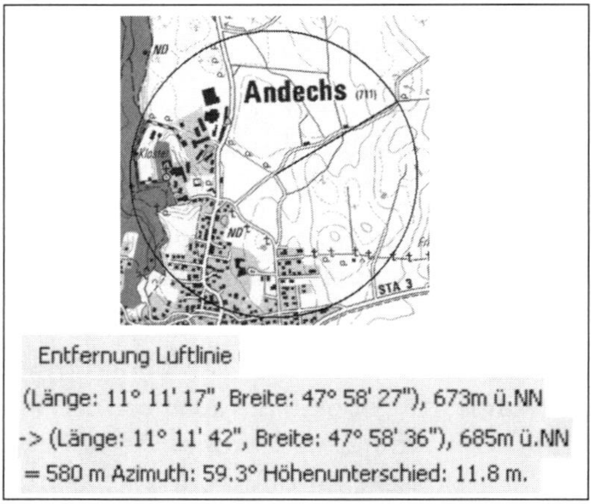

Abb. 5.16: Entfernungsmessung mit Abstand, Winkel und Höhendifferenz (©MagicMaps GmbH, ©Bundesamt f. Kartographie u. Geodäsie)

- `Koordinatengitter anzeigen`: Die Funktion aktiviert die Anzeige des Koordinatensystems, so wie es im Werkzeug `Einstellungen` (Zahnrad) aus der Hauptwerkzeugleiste eingestellt wurde.
- `Maßstabsbalken anzeigen`: Der Maßstabsbalken wird oben links eingeschaltet.
- `Aktuelle 3D-Position in 2D-Ansicht übertragen`: Diese Funktion überträgt die aktuelle Position aus der 3D-Ansicht in die 2D-Ansicht.
- `Aktuelle 2D-Position in 3D-Ansicht übertragen`: Die aktuelle Position in der 2D-Ansicht wird in die 3D-Ansicht übergeben.
- `Höhenprofil`: Das Höhenprofil einer im Objekt-Manager gewählten Linie kann hiermit angezeigt werden.

Die Werkzeugleiste der 3D-Ansicht

Die ersten drei Werkzeuge entsprechen denen der 2D-Ansicht.

- `3D-Perspektive`: Hiermit wird ein Werkzeugkasten zur Manipulation der perspektivischen Ansicht eingeschaltet. Über die Kompassnadel lässt sich die Blickrichtung besonders einfach variieren. Die Höhe der Kameraposition kann direkt eingegeben werden und die Neigung der Blickrichtung lässt sich auch über einen Zeiger einstellen.

- Draufsicht: Mit Draufsicht wechseln Sie in eine stark verkleinerte 2D-Ansicht mit der aktuellen Position in der Mitte.
- Startansicht: Diese Funktion wechselt in die Ansicht, die Sie mit dem Werkzeug Einstellungen (Zahnrad) im Register Allgemeines als Startansicht festlegen können.
- Blick horizontal ausrichten: Die Darstellung wird so geschwenkt, dass der Neigungswinkel 0° beträgt. Die Blickrichtung verläuft dann also genau horizontal.
- Blick 90° nach links ausrichten und Blick 90° nach rechts ausrichten: Schwenkt die Blickrichtung genau um 90° nach rechts oder links.

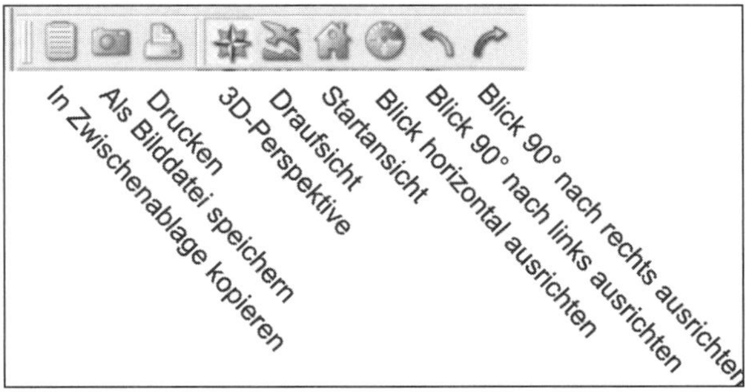

Abb. 5.17: Werkzeugleiste 3D-Ansicht

Die Werkzeugleiste des Objekt-Managers

Der Objekt-Manager kennt vier verschiedene Punkt-Objekte, ein Linienobjekt und ein Flächenobjekt. Die Punkt-Objekte *Textpunkt*, *Markierung*, *Beschriftung* und *Bildpunkt* können allesamt als Wegpunkte zum GPS exportiert werden. Die Linienobjekte können als Tracks oder Routen zum GPS übertragen werden.

Abb. 5.18: Werkzeugleiste Objekt-Manage

⇨ `Bildpunkt erstellen`: Ein Bildpunkt wird erstellt, der einen individuellen Namen bekommen kann und an den ein Bild angehängt werden kann. Das Bild erscheint sowohl in der 2D- als auch in der 3D-Ansicht. Höhe und Größe des Bildes können individuell eingestellt werden. Nach Doppelklick auf einen Bildpunkt kann das Bild mit Ihrem normalen Bildeditor angezeigt werden.

⇨ `Text setzen`: Es wird ein Textpunkt erstellt, der wieder individuell benannt werden kann. Für die Anzeige kann ein spezieller Text dazu geschrieben werden. Er wird in 2D und 3D angezeigt. Die Höhe und Größe lässt sich einstellen.

⇨ `Markierung setzen (2D)`: Eine Markierung ist nur in der 2D-Ansicht zu sehen und kann als Symbol in Form eines Quadrats, Dreiecks, Kreises oder Kreuzes dargestellt werden.

⇨ `Beschriftung setzen (2D)`: Die Beschriftung ist ebenfalls nur in 2D zu sehen. Ein Text kann eingegeben werden.

⇨ `Linie erstellen`: Hiermit werden die Linienzüge erstellt, die später als Route oder als Track an das GPS übertragen werden. Während der Erstellung oder später können Sie Liniezüge mit den unten im Objekt-Manager angezeigten Werkzeugen in den einzelnen Punkten bearbeiten. Es können Punkte hinzugefügt, verschoben oder entfernt werden. Es können Linienzüge an markierten Positionen auch aufgeschnitten werden.

⇨ `Fläche zeichnen`: Ein Flächenobjekt können Sie durch Anklicken der Umfangspunkte erzeugen. Im Objekt-Manager wird beim Markieren eines solchen Objekts der Flächeninhalt angezeigt.

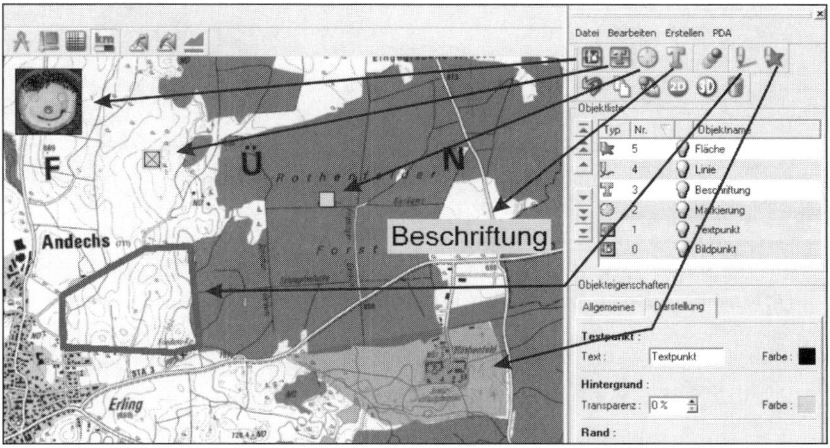

Abb. 5.19: Objekt-Manager und seine Objekte (©MagicMaps GmbH, ©Bundesamt f. Kartographie u. Geodäsie)

⇨ `Rückgängig (Strg+Z)`: Alle Aktionen können hiermit in umgekehrter Reihenfolge rückgängig gemacht werden.

⇨ `Objekte duplizieren (Strg+D)`: Hiermit können zur erleichterten Erstellung neuer Objekte existierende Objekte dupliziert und dann später noch auf neue Positionen verschoben werden.

⇨ `Konvertiere Objekt`: Jedes Punktobjekt kann hiermit in jedes andere umgewandelt werden. Ebenso können Linienobjekte in Flächenobjekte umgewandelt werden und umgekehrt, ein offener Linienzug wird durch Verbinden von Anfangs- und Endpunkt zum geschlossenen Flächenobjekt.

⇨ `Objekte in 2D-Ansicht anzeigen (Strg+2)`: Alle markierten Objekte können damit in der 2D-Ansicht sichtbar gemacht werden.

⇨ `Objekte in 3D-Ansicht anzeigen (Strg+3)` Alle markierten Objekte bis auf Markierungen und Beschriftungen können damit in der 2D-Ansicht sichtbar gemacht werden. Eine Fläche erscheint in der 3D-Ansicht als geschlossener Linienzug.

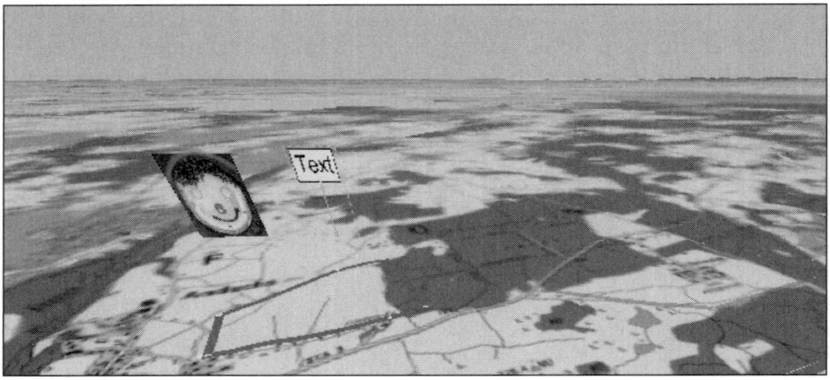

Abb. 5.20: Objekte in perspektivischer Darstellung (©MagicMaps GmbH, ©Bundesamt f. Kartographie u. Geodäsie)

⇨ `Objekte löschen (Umschalt+Entf)`: Die Funktion löscht alle markierten Objekte.

6 Geocaching: Moderne Schnitzeljagd

Ziel des Kapitels

- Vorstellen der Geocaching-Idee und dazugehöriger Internetseiten

Schritte zum Erfolg

- Das Geocaching als Schnitzeljagd mit Hightech wird vorgestellt.
- Internet-Sites werden angegeben.
- Weitere Varianten der Suche nach Schätzen oder Positionen werden vorgestellt.

Geocaching: Schnitzeljagd mit Hightech

Was bedeutet nun *Geocaching*? Der Begriff ist ganz schön international. Das englische Wort *cache* leitet sich ursprünglich vom französischen Verb *cacher* für *verstecken* ab. Im Englischen hat es weniger die Bedeutung von *Versteck* als vielmehr von *Depot*: ein Versteck für Dinge, die später zur Verfügung stehen sollen.

Und genauso funktioniert das Geocaching: Jemand versteckt Dinge, die andere finden sollen. Der Witz an der Geschichte besteht nun darin, dass Sie zum Finden mindestens ein GPS-Gerät besitzen müssen, weil der Weg über Positionsdaten beschrieben wird, denen Sie nur mit einem GPS-Empfänger folgen können. Außerdem wird der Weg meist noch mit verschiedenen Schwierigkeiten gespickt. Die Koordinaten ergeben sich beispielsweise über kleine Rätsel, die Sie vorher oder auf der Suche unterwegs lösen müssen. In unserer Internet-Zeit müssen Sie auch damit rechnen, dass Sie das Internet zum Lösen einiger Rätsel brauchen.

Geocaching verbindet vieles miteinander. Über allem steht die Freude am Entdecken, die Freude am Umgang mit einer neuen Technik, die Freude an der Lösung einer Aufgabe und schließlich auch die Freude daran, nachfolgenden Schatzsuchern mit einer Kleinigkeit eine Überraschung zu bieten. Die Anleitung zum *Geko 201* beginnt auch genau mit diesem Motto: *Let's have fun*. Und unter diesem Thema haben sich viele freiwillig zusammengefunden, die in der Geocaching-Gemeinde aktiv sind im Verstecken und/oder Suchen von Schätzen.

Wo im Internet?

Zum Geocaching-Start reicht eigentlich eine einfache Suche im Internet nach diesem Stichwort aus. Unter den ersten Fundstellen werden Sie natürlich eine Menge Händler finden, die Ihnen die neuesten GPS-Geräte und sonstige Ausrüstungsgegenstände für zünftiges Geocaching verkaufen wollen. Aber Sie werden auch schnell auf typische Seiten von Geocaching-Freaks geführt. Zwei zentrale Websites sind *www.geocaching.de und www.navicache.de*.

Dies sind die Einstiegsseiten für deutsche Geocacher. Auch für Österreich und die Schweiz sind entsprechende Seiten im Aufbau oder schon vorhanden: *www.geocache.at* und *www.swissgeocache.ch*. Ein Diskussionsforum gibt es unter *http://www.opencaching.com/*.

Abb. 7.1: Die deutsche Seite *www.geocaching.de*

Wie funktioniert's?

Wie immer im Leben gibt es aktive Geocacher und passive. Die aktiven legen die Caches an. Dabei werden als Anreiz für die Schatzsuche kleine nette Dinge, die jeder brauchen kann, in einem Versteck im Gelände deponiert. Es sind meist wasserdicht verschlossene Dosen, die Wind und Wetter trotzen müssen. Den Schatz bezeichnet man auch als *Stash* (englisch für *Stapel*), weil sich oft mehrere Gegenstände als Schätze darin befinden. Dazu wird auch noch ein Logbuch getan, in das sich jeder Finder eintragen soll.

Das Versteck wird nun von dem aktiven Geocacher im Internet über seine Koordinaten bekannt gegeben. Dies kann in unterschiedlicher Form geschehen. Oft werden nur die Startkoordinaten gegeben, über einige Rätselzeilen und kleine Denksportaufgaben muss man sich dann die weiteren Koordinaten oder die relativen Entfernungen und Richtungen verschaffen, Wegpunkte ins GPS eingeben oder

Wegpunkte ausgehend von anderen projizieren oder unterwegs neue Wegpunktinformationen erarbeiten. Der aktive Geocacher meldet sein Versteck bei *http://www.geocaching.com/* bzw. *http://www.geocaching.de/* oder *http://www.navicache.com/* bzw. *http://www.navicache.de/* an und ist Besitzer des Cache.

Abb. 7.2: Die internationale Seite *www.geocaching.com*

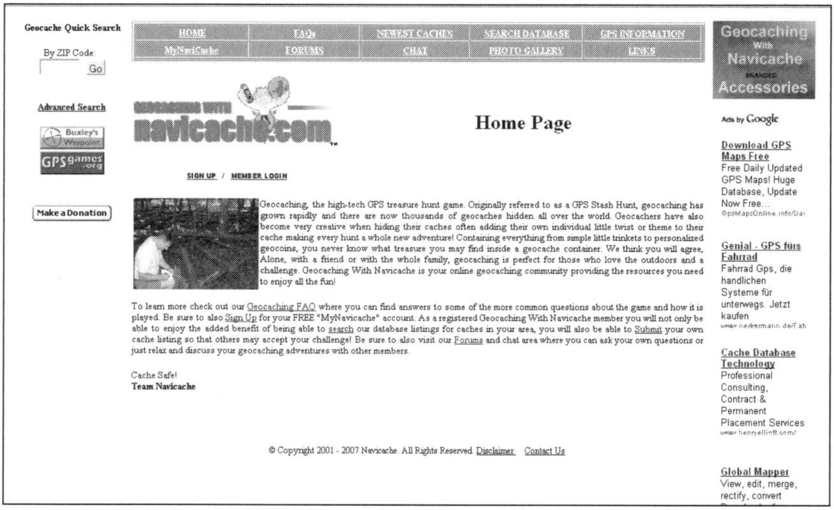

Abb. 7.3: Die internationale Seite *www.navicache.com*

Der passive Geocacher sucht nach dem Versteck und kann danach im Internet dem Besitzer über das Versteck und die erfolgreiche Suche berichten. Wer dann das Versteck findet, nimmt etwas vom Schatz mit, legt einen neuen Schatz für den nächsten Schatzsucher hinein und trägt sich ins Logbuch ein. Und wenn die Suche nicht erfolgreich war, ist es besonders wichtig, dies dem Cache-Besitzer im Internet mitzuteilen, damit er seinen Cache überprüfen kann.

Es gibt unterschiedliche Arten von Caches. Die Sprache der Schatzsucher ist wieder einmal Englisch, wie bei so vielen neuen Dingen, die aus Amerika zu uns herüberkommen. Deshalb sei hier die Übersicht über die Cache-Typen auch gleich mit den originalen englischen Begriffen in alphabetischer Reihenfolge gegeben:

⇨ *CITO Event Caches* sind eine besondere Form von *Event Caches*, bei der es darum geht, nicht nur viele Geocacher zu einem Treffen zusammenzubringen, sondern vor allem darum, am Treffpunkt – beispielsweise einem Park – Unrat zu entfernen. *CITO* steht für *Cache In Trash Out*, zu Deutsch etwa *Schatz rein, Müll raus*.

⇨ *Earth Caches* sind Orte, an denen geologische Besonderheiten zu beobachten sind.

⇨ *Event Caches* sind Treffen mehrerer Geocacher an schönen Orten. Sie werden über E-Mail-Aktionen von Geocachern organisiert.

⇨ *Letter Hybrid Caches* sind, wie der Name schon sagt, versteckte »Briefkästen«, die dann Hinweise auf ein Versteck enthalten.

⇨ *Locationless Caches*: Der Schatzsucher muss hier nach einem Objekt mit bestimmten Eigenschaften suchen und die Koordinaten bestimmen. Meist wird verlangt, dass er ein Beweisfoto an den Cache-Besitzer schickt.

⇨ *Multi-Caches* bestehen aus mehreren Verstecken. Im einfachsten Fall werden die Koordinaten des ersten Verstecks veröffentlicht. Dort sind dann die Koordinaten eines zweiten Verstecks enthalten usw. bis zum letzten Versteck. Eine andere Variante veröffentlicht Koordinaten von mehreren Verstecken, die ihrerseits Teilinformationen über das endgültige Versteck enthalten.

- *Mystery Caches* verlangen vom Schatzsucher zuerst die Lösung von Rätseln, um daraus die Koordinaten des Zielpunkts zu erhalten. Nur der Startpunkt der Suche wird mit exakten Koordinaten angegeben.
- *Offset Caches*: Hierbei handelt es sich um eine Variante des Multi-Cache. Veröffentlicht werden die Koordinaten eines Monuments oder einer Tafel. Dort muss der Schatzsucher dann bestimmte Zahlen suchen und sie zur Koordinateninformation über das endgültige oder nächste Ziel nach einer angegebenen Vorschrift kombinieren.
- *Puzzle Caches*: siehe *Mystery Caches*
- *Reverse Virtual Cache*: siehe *Locationless Caches*
- *Traditionel Caches*: Sie werden mit ihren exakten Koordinaten veröffentlicht. Sie bestehen aus einem wasserdichten Behälter mit einem oder mehreren »Schätzen« und dem Logbuch.
- *Virtual Caches*: Virtuelle Caches sind keine echten Verstecke, in denen sich etwas befindet, sondern bestimmte Monumente oder markante Punkte, von denen der Suchende dem Cache-Besitzer eine Rückmeldung über ein Detail geben muss, um zu beweisen, dass er da war. Die Belohnung für die Suche besteht hier nicht in materiellen Dingen, sondern einfach in dem Erfolgserlebnis, es gefunden zu haben.
- *Webcam Caches* sind Orte, an denen eine Internet-Kamera steht, auf deren Bild sich dann der Schatzsucher zum Beweis zeigen muss. Manchmal wird auch verlangt, dass er zum Beweis sein GPS-Gerät zeigt.

Auch gibt es unterschiedliche Schwierigkeitsstufen. Da können einfachste Caches mit dem Auto erreicht werden, andere müssen erwandert werden oder schwierige erfordern gar Spezialausrüstung zum Schwimmen, Tauchen oder Felsklettern.

Für das Anmelden eines Cache bei einer der beiden oben genannten Websites gibt es Regeln, die dort abgefragt werden können. Auch entsprechende Anmeldeformulare finden sich dort. Jeder Anmelder ist für sein Versteck voll verantwortlich. Der betreffende Behälter sollte natürlich auch so gekennzeichnet sein, dass er nicht etwa für eine Bombe gehalten wird. Auch sollte er nicht an so sensiblen Plätzen versteckt sein, wo er eine Bedrohung darstellen könnte. Auch um die Internetseite für den Cache muss sich der Besitzer kümmern, um zu vermeiden, dass Fehlinformationen zum Cache dort abgelegt werden oder gar zu viel über den Cache von eifrigen Schatzsuchern verraten wird. Regelmäßige Kontrollen vor Ort gehören ebenso dazu. Jede Anmeldung eines Cache wird von einem Prüfer auf diese und weitere Kriterien untersucht. Die Websites *www.opencache.de* bzw. *.com, www.navicache.de* bzw. *.com und www.navicache.de* bzw *.com* sind typische Orte im Internet, an denen Caches registriert werden können.

Daneben gibt es aber auch Diskussionsforen wie *www.geocache-forum.de*, auch solche, die nicht unter kommerzieller Regie stehen. Sie erhalten dort Informationen zu diversen Fragen, die mit der Schatzsuche zu tun haben. Als Cache-Sucher kann man sich bei den Websites kostenlos registrieren lassen. Denken Sie daran, für die Schatzsuche auch selbst einen entsprechenden Schatz zum Deponieren für den nächsten Schatzsucher mitzunehmen. Wenn man in der Nähe des Schatzes angekommen ist, wird die Suche eigentlich erst so richtig schwierig. Das GPS leitet einen schließlich nur bis auf die letzten Meter ans Ziel. Dort vor Ort müssen Sie selbst ganz konventionell suchen. Besonders wenn der Cache im dichteren Wald liegt, kann die Genauigkeit des GPS-Geräts durch die Abschattung der Satelliten nachlassen.

Travelbugs

Um den Spieleffekt noch zu erhöhen, hat man *Travelbugs* erfunden. Das sind unverwüstliche Metallmarken, die man mit in einen Cache tun kann und die vom nächsten Schatzsucher mitgenommen werden sollen und von ihm im nächsten Cache wieder versteckt werden. Über alles soll natürlich jeder auf den Internetseiten dann wieder Bericht erstatten, damit dort verfolgt werden kann, wo sich momentan ein bestimmter Travelbug befindet und welchen Weg er bisher genommen hat. Die Travelbugs (deutsch *Reisekäfer*) gibt es übers Internet bei *www.geocaching.com* oder in Läden für Geocaching-Zubehör zu kaufen. Durch eine eingeprägte Nummer sind sie eindeutig gekennzeichnet.

Man aktiviert einen Travelbug auf der Geocaching-Internetseite, setzt ihn dann in Umlauf und verfolgt per Internet seine Reiseroute. Natürlich kann man ihn auch noch einem Stofftier umhängen und mit Aufträgen an den Finder verbinden. Da Travelbugs derzeit nur von der Internetseite *www.geocaching.com* geführt werden, sind sie nicht mehr auffindbar, wenn sie jemand in einem Cache der Seite *www.navicache.com* versteckt, aber vermutlich wird er ja mal wieder bei der Konkurrenz auftauchen.

Weitere Geo...-Varianten

Geodashing

Nach dem Zufallsprinzip werden hierbei Wegpunkte auf der ganzen Erde ausgesucht. Mit einem Programm werden Zufallswerte für die Koordinaten erzeugt. Dann geht die Suche nach den Wegpunkten los und gewonnen hat, wer die meisten Wegpunkte innerhalb eines Monats erreichen kann. Jeden Monat beginnt das Spiel von Neuem. Die Adresse der Seite: *www.gpsgames.org*. Auf dieser Seite klicken Sie das Geodashing-Logo an.

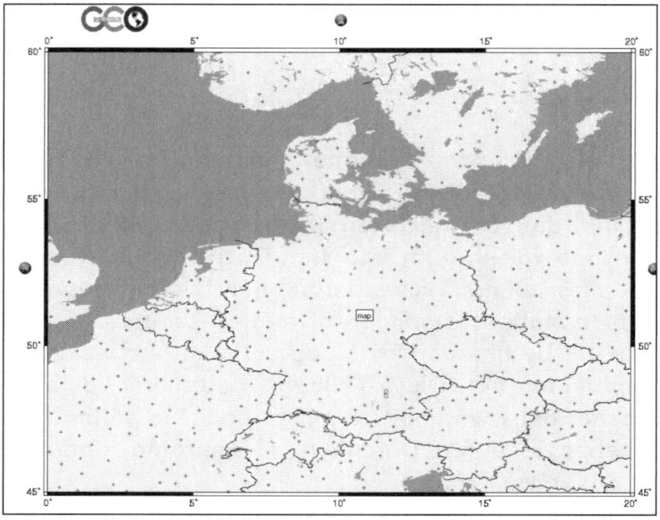

Abb. 7.4: Ausschnitt der Weltkarte der Geodashing-Website

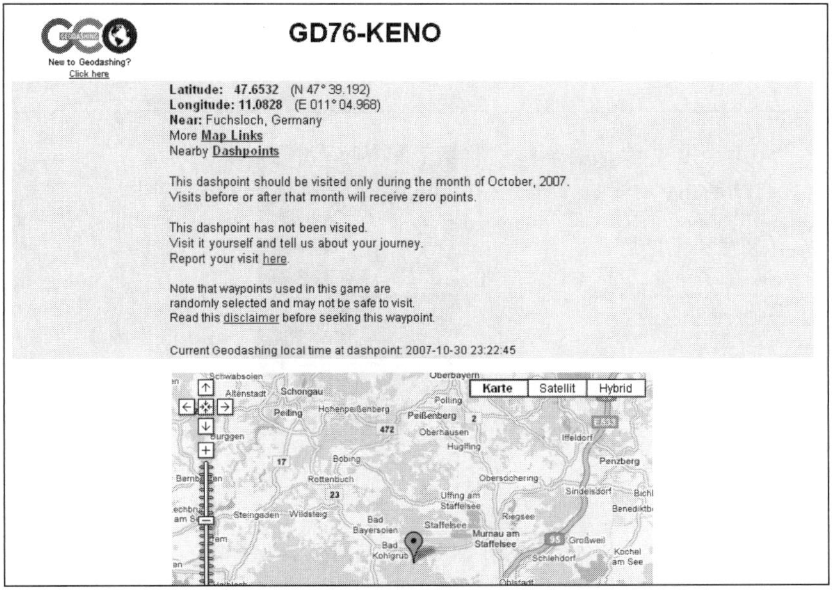

Abb. 7.5: Beispiel eines Wegpunkts aus dem Geodashing-Programm Oktober 2007

Geogolf

Auch hier werden Zielpunkte nach dem Zufallsprinzip ausgesucht oder berechnet. Dabei wird aber das Gebiet durch einen Mittelpunkt und einen Radius eingeschränkt und 18 Positionen ähnlich den 18 Golf-Löchern werden ermittelt.

GPS-Drawing

Sie können sich mit dem GPS natürlich noch viel zum Zeitvertreib ausdenken. Eine Variante besteht darin, solche Wege zu gehen, die auf der Track-Aufzeichnung eine Zeichnung entstehen lassen. Das klingt einfach, ist es aber gar nicht, weil Sie in der Aufzeichnung immer nur einen kleinen Ausschnitt des Weges sehen. Um da etwas Vernünftiges zustande zu bringen, müssen Sie viel hin- und herzoomen, ggf. mit fester Nordrichtung gehen etc. Auf jeden Fall lernen Sie dabei, besser mit den GPS-Funktionen zu arbeiten. Man nennt das – natürlich wieder englisch – GPS-Drawing (GPS-Zeichnen). Die Internetseite lautet: *www.gpsdrawing.com*.

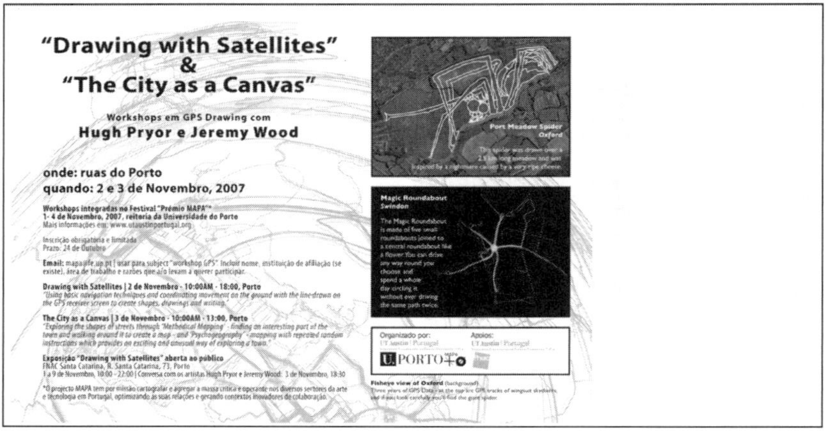

Abb. 7.6: GPS-Drawing-Seite

Oder versuchen Sie mal, Ihren Namenszug als Track ins GPS zu bringen.

Andere Länder: Frankreich und Schweden

Als Beispiele für andere Länder seien hier entsprechende Internet-Seiten von Frankreich und Schweden gezeigt. Die französische Internetseite *www.geocaching-france.com bietet eine Fülle von Informationen und einen schnellen Zugriff auf Caches, auch für Nichtmitglieder.* Die Startseite ist gleich mit einer Landkarteninformation verknüpft.

Die schwedische Geocaching-Website *www.geocaching.se* bietet eine Vielzahl von Informationen, Caches und Anleitungen, allerdings nur auf Schwedisch. Geocaching-Seiten anderer Länder lassen sich ähnlich finden.

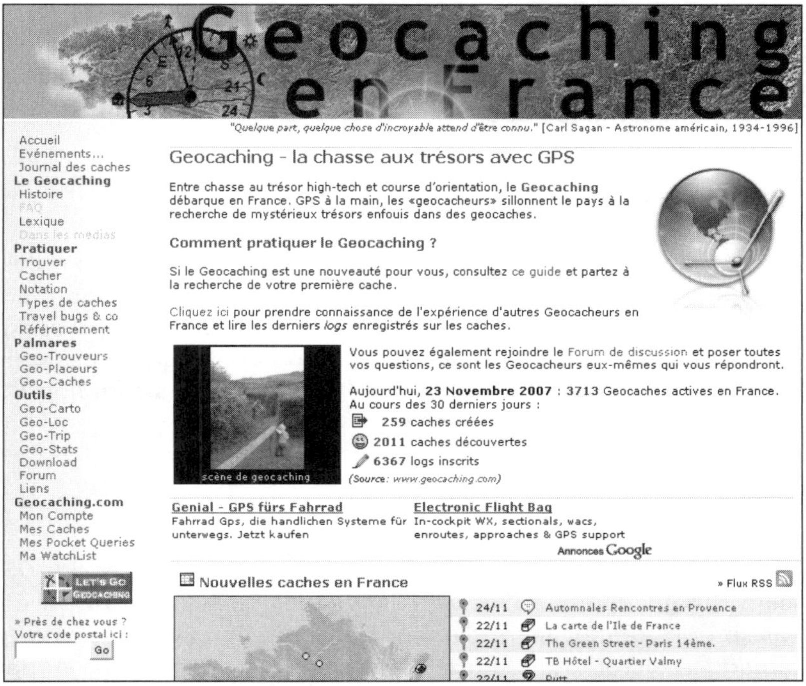

Abb. 7.7: Französische Website zu Projekten mit Caches und Karte

Abb. 7.8: Schwedische Seite

Letterboxing

Das Letterboxing ist ein Vorläufer des Geocaching. Hier wird mit Briefkästen gearbeitet, aber ohne GPS.

Konfluenzpunkte

Die Aufgaben, die sich GPS-Besitzer stellen, um einen neuen Anlass zu haben, bestimmte Positionen im Gelände zu finden, sind mannigfaltig. Unter *Konfluenzpunkten* versteht man diejenigen Positionen, die ganzzahlige Werte als Längen- und Breitengrade besitzen. Leute besuchen diese Positionen und berichten über sie im Internet auf der Seite *www.confluence.org*.

Historie

Am 1. Mai 2000 wurde das GPS-System, das vorher nur für das US-Militär mit genügender Präzision verwendbar war, auch für private Zwecke nutzbar, nachdem die Signale ohne Signalverfälschung zu empfangen waren. Kurz darauf begannen die ersten Leute in den USA mit dem Versteckspiel. Jeremy Irish, der Inhaber der Internetseite *www.geocashing.com*, begann das Geocaching zu kommerzialisieren. Seine Seite wurde mit Werbung gekoppelt, das Wort „Geocaching" ließ er sich schützen und es gab Caches, die nur für zahlende Mitglieder abgerufen werden konnten. Als Alternativseite entstand 2001 *www.navicache.com*. Es hat sich seit jenen Tagen in aller Welt verbreitet. In Deutschland ging es etwa ein Jahr später los und boomt sei etwa 2003. 2005 waren nach den Tabellen der Seite *www.geocashing.de* gut 2.000 Caches aktiv und Tausende von Cachern sind unterwegs. Inzwischen gibt es auch eine deutsche Seite *www.geocashing.de*.

Statt *Geocaching* sind auch *GPS Stash Hunt* und *Global Positioning Stash Hunt* üblich.

7 Umgang mit Karten

Ziel des Kapitels

⇨ Die verschiedenen Kartensysteme werden erläutert und präsentiert. Es wird gezeigt, wie normales Kartenmaterial eingescannt wird und zur Tourenplanung kalibriert werden kann.

Schritte zum Erfolg

⇨ Die Unterschiede der gebräuchlichsten Kartensysteme werden erklärt und an Beispielen vorgestellt.

⇨ Das Scannen und Kalibrieren von Kartenmaterial mit dem Programm GARtrip wird demonstriert.

⇨ Die Verbindung des GARtrip-Programms mit dem Geko 201 wird gezeigt.

Die Kartensysteme

Wie bereits im ersten Kapitel angedeutet, gibt es ein Problem bei der Darstellung der Erdoberfläche in Form einer Landkarte. Die Erde hat ungefähr die Gestalt einer Kugel, und die lässt sich nicht so einfach auf eine ebene Kartenfläche abwickeln.

Aus diesem Grund hat man als angemessene Darstellung der gesamten Erde schon lange Zeit den Globus verwendet. Genauer gesehen ist die Erde nicht mal eine Kugel, sondern mehr oder weniger ein Ellipsoid mit Abflachungen an den Polen. Wenn man noch genauer hinsieht, dann ähnelt die Erde eher einer Kartoffel mit Unregelmäßigkeiten in der Oberflächenstruktur. Hiermit sind nicht die Gebirge gemeint, sondern schlichtweg die Bezugsoberfläche, von der aus alle Höhen gemessen werden: die Meeresspiegeloberfläche. Sie folgt also weder exakt einer Kugel noch einem Ellipsoid.

Um nun exakte Karten herstellen zu können, haben sich viele Länder ihre eigenen Ellipsoide gebastelt, die wenigstens in gewissen Bereichen genügend genau sind. Aus diesem Grunde gibt es eine Vielzahl von Kartensystemen. Und wenn Sie auf Fernreisen gehen, wo Sie Karten fremder Länder benutzen wollen, dann sollte Ihr GPS zum Abgleich mit den Kartenkoordinaten auch möglichst viele Kartensysteme beherrschen.

Neben der Wahl eines möglichst passenden Ellipsoids – mindestens für einen beschränkten Bereich oder ein Land passend – bleibt noch das Problem der Abwicklung in die Ebene. Hier hat sich das bewährt, was Sie vielleicht auch beim Schälen einer Apfelsine oft durchführen. Man schneidet einfach die gewölbte Fläche in kleine schmale Streifen von Pol zu Pol. Diese kann man mit großer Genauigkeit dann in die Ebene abwickeln. Erfunden hat diese Technik der Geograf Mercator.

Wie schon im ersten Kapitel gezeigt, zerfällt dann die Erdoberfläche in viele kleine Streifen. In jedem Streifen von 3° Breite (Gauß-Krüger-System) oder 6° Breite (UTM – Universal Transversal Mercator) dient der mittlere Längengrad und der Äquator als Ausgangspunkt eines praktischen Netzes, das in Maschen von 100 km Weite unterteilt ist. Man kann dieses Netz weiter unterteilen und seine Position auf der Karte auf den Meter genau angeben.

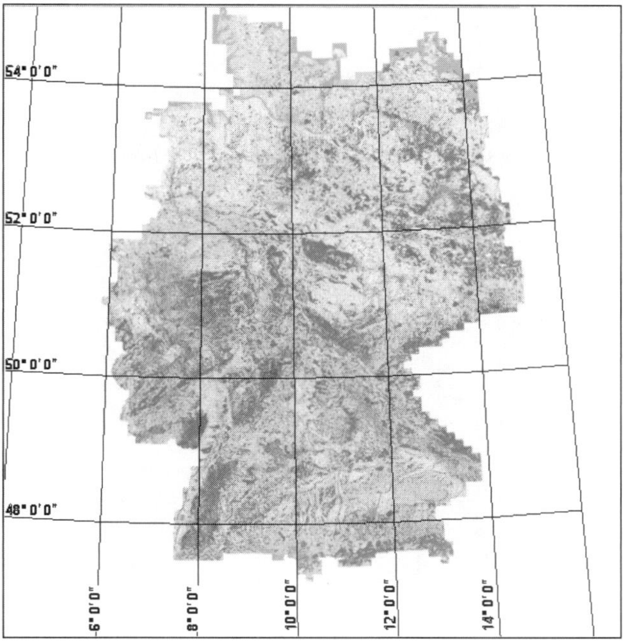

Abb. 7.1: Deutschland mit geografischen Koordinaten (©MagicMaps GmbH, ©Bundesamt f. Kartographie u. Geodäsie)

Der Vorteil dieser Netzeinteilung besteht darin, dass Entfernungen schnell abzuschätzen sind. Beim geografischen Gitter, das in Grad angegeben wird, sind immer erst umständliche Umrechnungen nötig, um auf eine Entfernung in Kilometern zu kommen. Natürlich wird dies durch eingedruckte Maßstabsbalken erleichtert. Aber in den modernen Netzen nach Gauß-Krüger oder UTM, die beide auf einer Streifeneinteilung nach Mercator basieren, brauchen Sie nur die Netze fein genug zu unterteilen, um Ihre Koordinaten in Metern genau zu ermitteln.

In Abbildung 7.2 ist der Streifen 32 der UTM-Projektion hervorgehoben, der ungefähr das Gebiet Deutschlands abdeckt. Die dicke Linie in der Mitte ist der Meridian bei 9°, das heißt der Längengrad 9° östlicher Länge von Greenwich aus gesehen. Die Quadrate rechts und links neben dem Meridian sind immer genau 100 km breit und 100 km hoch.

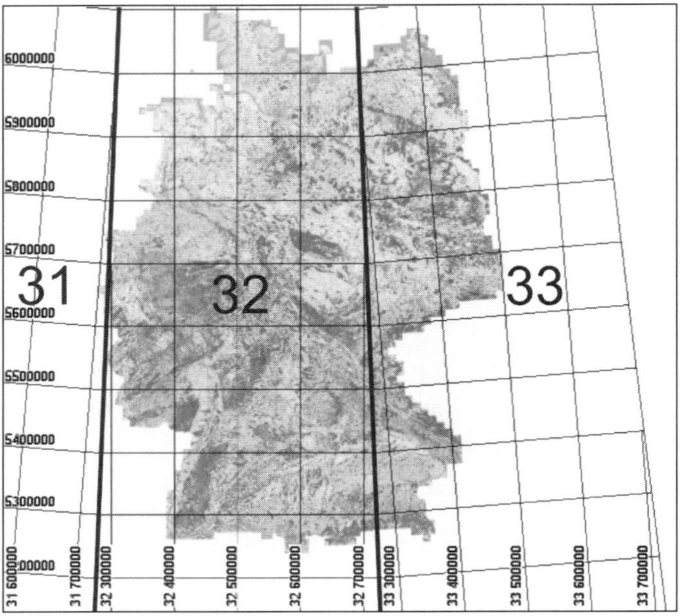

Abb. 7.2: Deutschland mit UTM-Gitter (©MagicMaps GmbH, ©Bundesamt f. Kartographie u. Geodäsie)

Am Rand jedes Streifens bleiben noch Reststücke, die erst auf größeren Kartenausschnitten in Abbildung 7.4 und 7.5 angezeigt werden. Der Meridian in der Mitte dieses Streifens hat die Koordinate 32:500000. Die Zahl 32 ist dabei die Nummer des Streifens. Man hat dem Meridian in der Mitte nicht die Koordinate 0, sondern 500.000 gegeben. Von dieser Zahl ausgehend müssen Sie für jeden Meter nach Osten (rechts) 1 dazuzählen, nach Westen entsprechend 1 abziehen. Damit rechnen Sie also immer konkret in Metern.

Dadurch, dass die Koordinate für den Meridian auf 500.000 festgelegt wurde, ist sichergestellt, dass auch für Koordinaten ganz links im Westen eines Streifens keine negativen Zahlen entstehen. Alle Koordinatenangaben sind immer positive Zahlen. Damit werden bei der Kommunikation Fehler durch falsch übertragene Vorzeichen vermieden.

Ähnlich ist die Vereinbarung für die Koordinaten der Breite. Hier wird praktisch die Entfernung vom Äquator angegeben.

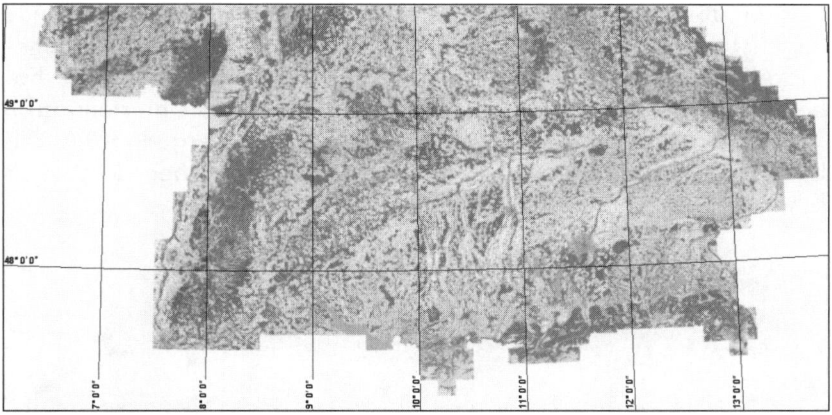

Abb. 7.3: Süddeutschland mit geografischen Koordinaten (©MagicMaps GmbH, ©Bundesamt f. Kartographie u. Geodäsie)

Damit auf der Südhalbkugel keine negativen Werte entstehen, wird zur Entfernung dort 10.000.000 hinzugezählt. Man muss bei einer Breitenangabe aber immer hinzufügen, ob es sich um die Nord- oder Südhalbkugel handelt. Auch kann man (Abbildung 1.15 und 1.16 aus Kapitel 1) die Bezeichnung des Breitenbandes angeben. Hier für Deutschland ist das Band meist U. Da alle Bänder zwischen N und X nördlich liegen, ist damit die Koordinatenangabe klar.

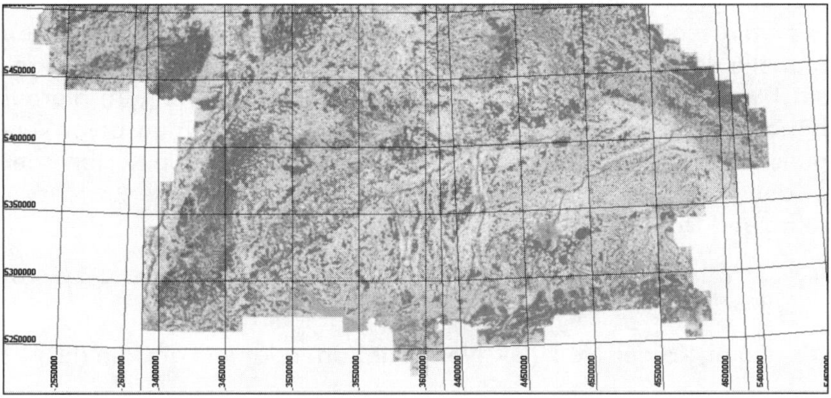

Abb. 7.4: Süddeutschland mit Gauß-Krüger-Gitter (©MagicMaps GmbH, ©Bundesamt f. Kartographie u. Geodäsie)

Das Gauß-Krüger-Gitter, das vielen deutschen Karten zugrunde liegt, ist auch eine Mercator-Projektion, arbeitet also auch mit abgewickelten Streifen, nur sind sie schmaler, nämlich 3° breit, und haben ihren Meridian jeweils bei 0°, 3°, 6° usw. Die Unterteilung in 100-km-Rasternetze entspricht dem UTM-Netz. International ist das UTM-Netz natürlich gängiger, bisher richten sich aber viele deutsche Karten nach dem Gauß-Krüger-Netz.

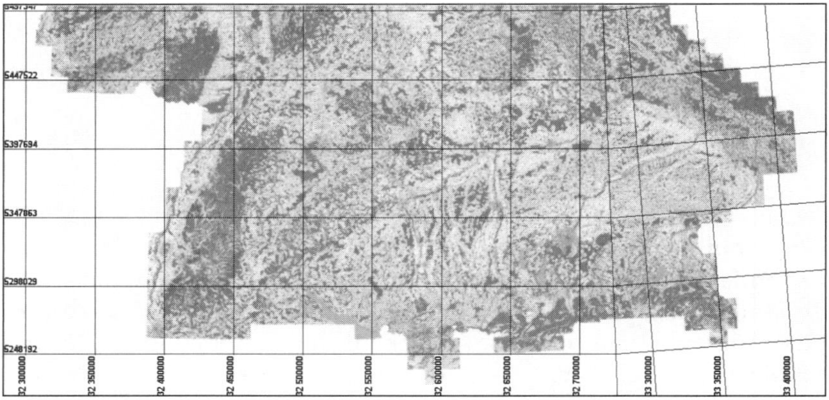

Abb. 7.5: Süddeutschland mit UTM-Gitter (©MagicMaps GmbH, ©Bundesamt f. Kartographie u. Geodäsie)

Neben der Art des Kartennetzes gibt es noch das Kartendatum. Damit unterscheidet man die oben schon genannten verschiedenen Modelle des Erdellipsoids, die jeweils für bestimmte Regionen angesetzt wurden. Es würde den Rahmen des Buchs sprengen, hierauf näher einzugehen. Zu beachten ist lediglich, dass man beim Vergleich oder bei der Übertragung von Koordinaten in die Karten oder in den PC vom gleichen Kartendatum ausgeht. Übliche Kartensysteme und Daten sind:

- ⇨ UTM-Netz mit Kartendatum WGS84 (World Geodetic System 84)
- ⇨ Gauß-Krüger-Netz (GK-Netz) mit Kartendatum Potsdam (PD)

Die modernen Koordinatenangaben sind für Ortsbestimmungen im lokalen Bereich sicher bessere Lösungen als die von der Schule her bekannten Gradangaben auf dem Globus. Letztere sind für eine

Groborientierung allerdings etwas einfacher zu merken. So kann ich mir die Koordinaten von München mit 11° östlicher Länge und 48° nördlicher Breite viel besser merken als die UTM- oder Gauß-Krüger-Werte (siehe Abbildung 7.6).

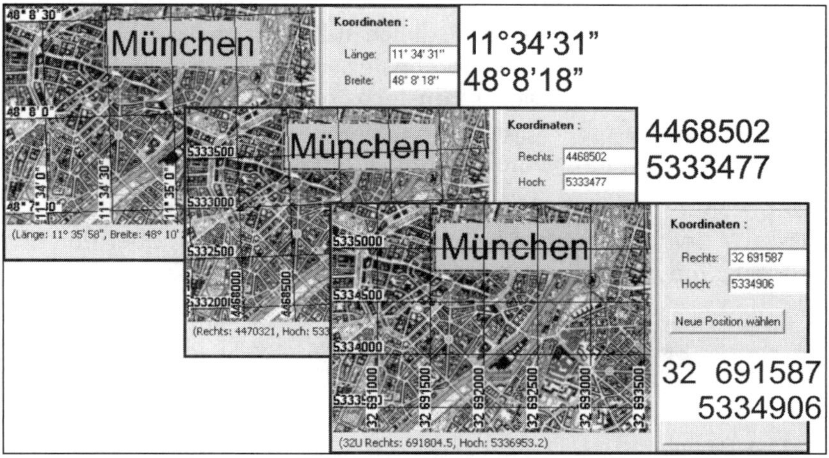

Abb. 7.6: Verschiedene Koordinaten für München (©MagicMaps GmbH, ©Bundesamt f. Kartographie u. Geodäsie)

Kartenmaterial scannen und skalieren

Mit der Software *GARtrip* kann man mit eigenem eingescannten Kartenmaterial arbeiten. Sie ist für Demozwecke mit eingeschränktem Funktionsumfang frei im Internet herunterladbar. Die Vollversion kostet derzeit 30 € (zuzüglich Mehrwertsteuer). Die Einschränkung der Demoversion besteht darin, dass maximal 30 Wegpunkte, eine Route und 500 Trackpunkte verarbeitet werden. Unter *www.gartrip.de* erhalten Sie die GARtrip-Software. An diese Software können Sie verschiedene GPS-Geräte anschließen und auch gescannte Karten als Rasterdaten vom Typ **.gif*, **.bmp* oder **.jpg* einlesen. Diese Daten können Sie anhand zweier Punkte auch kalibrieren.

Die GARtrip-Software laden Sie sich aus dem Internet als *.exe-Datei herunter und starten die Installation mit einem Doppelklick auf diese Datei (aktuell *g209a.exe*). Vor der Installation sollten Sie jedoch andere Programme, die eventuell noch laufen, beenden. Die Installation erfolgt automatisch, so dass Sie danach unter `Start / Alle Programme / Gartrip-2007 / Gartrip` die Software starten können. Sie meldet sich dann gleich mit dem Hauptdialogfenster und einem zusätzlichen Dialogfenster, das eine Beispieldatei für Wegpunkte laden will. Dieses Fenster können Sie über die Schaltfläche `Abbr` beenden. Bei späteren Aufrufen finden Sie dann in diesem Fenster Ihre eigenen gespeicherten Daten.

Dann können Sie Ihr GPS mit dem Computer verbinden und mit `System / Empfänger Anschluss` den Anschluss wählen, über den das GPS verbunden ist.

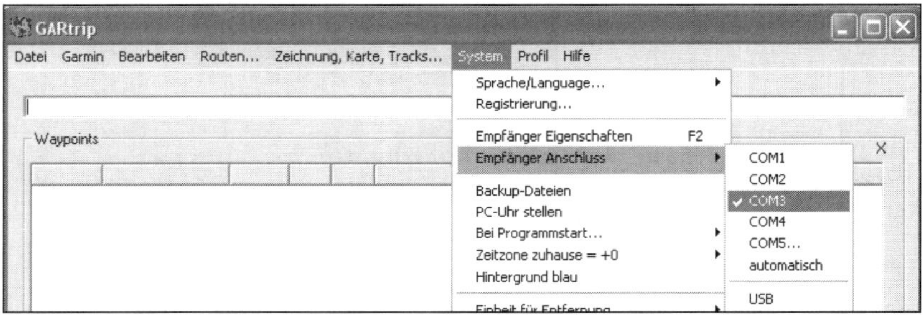

Abb. 7.7: Anschluss wählen

Es gibt für die modernen GPS-Geräte meist beiliegend ein USB-Anschlusskabel. Für das *Geko* gibt es als extra Zubehör sowohl ein Kabel für die USB-Schnittstelle als auch ein Kabel für die serielle Schnittstelle mit neunpoligem Stecker. Für das serielle Kabel ist schließlich auch wieder ein USB-Adapterkabel verfügbar. Im vorliegenden Fall wurde das GPS an den PC mittels seriellem Kabel und USB-Adapter angeschlossen. Dazu gehört dann auch ein Treiber, der einen COM-Anschluss (hier COM3) simuliert. Das ist die Standard-Einstellung, wenn Sie beispielsweise das *Garmin Geko 201* mit dem seriellen Anschluss-Set an einem Laptop benutzen, der heute meist gar keine serielle Schnittstelle mehr hat. Auf dem PC erscheint diese Schnittstelle dann nicht als USB, sondern als COM-Schnittstelle, zum Beispiel COM3.

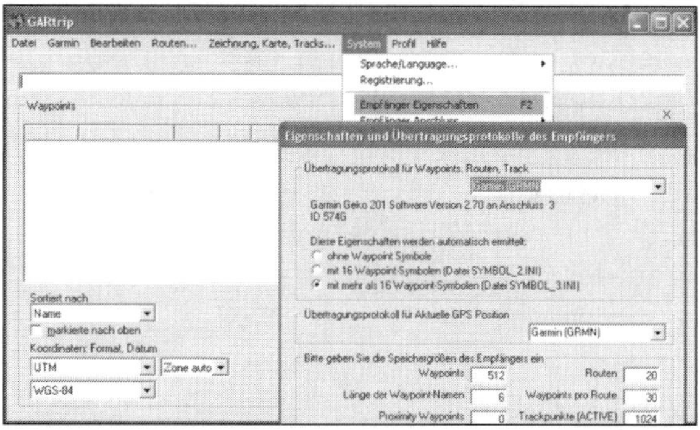

Abb. 7.8: Empfänger-Eigenschaften auf Gerät einstellen

Dann wählen Sie über `System / Empfänger Eigenschaften` die Eigenschaften des Geräts aus, insbesondere das Übertragungsprotokoll. Für das Geko 201 ist dann `Garmin (GRMN)` einzustellen. Auch am GPS selbst sollten Sie auf das Protokoll achten. Auf der Menüseite wählen Sie `SETUP / INTERFACE / I/O FORMAT GARMIN`. Dann müsste die Software eine Meldung bringen, in der Ihr GPS-Gerät angezeigt wird. Damit steht dann die Verbindung zum Herunterladen von Wegpunkten, Routen und Tracks.

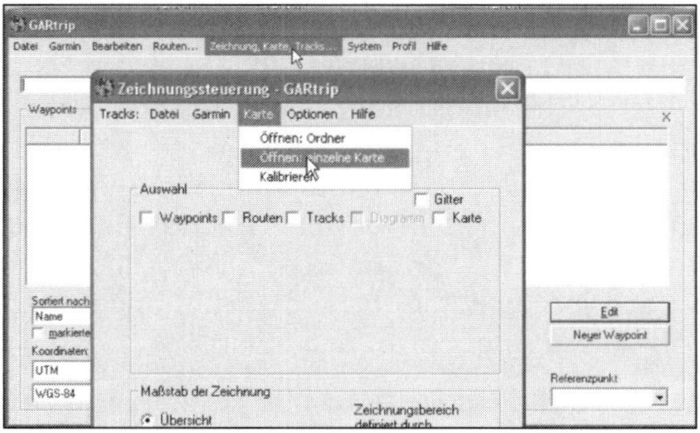

Abb. 7.9: Gescannte Rasterdatei als Karte laden

Nun geht es noch darum, eine eingescannte Landkarte zu laden. Sie rufen dazu mit der Schaltfläche `Zeichnung, Karte, Tracks` die `Zeichnungssteuerung` auf und wählen `Karte / Öffnen: einzelne Karte` (Abbildung 7.9). Eventuell müssen Sie Ihre gescannte Datei vorher umwandeln, denn die *GARtrip*-Software versteht nur die Rasterformate *.gif*, **.bmp* und **.jpg*. Andere Formate müssen vorher mit entsprechenden Programmen wie etwa *Corel Photopaint* umgewandelt werden. Gegebenenfalls müssen Sie auch die Landkartendatei noch drehen, damit die Nordrichtung nach oben zeigt.

Die geladene Karte muss nun aber auch kalibriert werden, damit sie maßstäblich zu Ihren Wegpunkten, Tracks und Routen passt. Dafür rufen Sie in der `Zeichnungssteuerung` das Menü `Karte / Kalibrieren` auf.

Abb. 7.10: Kalibrierung aktivieren

Es erscheinen dann im Rasterbild Ihrer gescannten Karte ein roter und ein blauer Punkt zum Kalibrieren. Das Kalibrieren setzt voraus, dass Sie für zwei möglichst weit außen liegende Positionen in der Karte die Koordinaten kennen. Es können entweder Positionen sein, für die Sie die Koordinaten mit dem GPS gemessen haben oder für die Sie die Werte aus einem Koordinatenraster auf der Karte entnommen haben. Da bei den gängigen Wanderkarten oft exakte Koordinatenangeben fehlen, wird man dann auf gemessene Wegpunkte zurückgreifen. In dem Beispiel für das Buch habe ich der Einfachheit halber einen Kartenausschnitt von *magicmaps* ausgedruckt, das Koordinatenraster noch deutlich markiert und verwende dann testweise diese Angaben zum Skalieren.

Zuerst klicken Sie auf die erste bekannte Position, um beispielsweise den roten Kalibrierpunkt links unten zu setzen. Sie erhalten ein kleines Menü und wählen `Punkt 1 (rot) hier setzen`. Dann klicken Sie auf die zweite bekannte Position und wählen im Menü `Punkt 2 (blau) hier setzen`. Im Dialogfenster geben Sie dann die entsprechenden Koordinatenwerte ein. Achten Sie darauf, dass dafür im Hauptfenster des Programms links unten das richtige *Koordinatensystem* ausgewählt wurde.

In unserem Beispiel wurden für eine *magicmaps*-Karte die geografischen Koordinaten ausgewählt. Die Daten der Kalibrierung werden von der *Gartrip*-Software mit der Dateiendung `*.cal` gespeichert. Als Dateiname wird der Name der Original-Rasterdatei verwendet und auch der gleiche Pfad. Damit kann die Rasterdatei bei jedem Aufruf immer wieder kalibriert angezeigt werden.

In der Zeichnungssteuerung können Sie die Karte mit der Schaltfläche `Zeichnen` immer aktualisieren und ggf. auch die Gitterlinien noch mal zur Kontrolle anzeigen lassen.

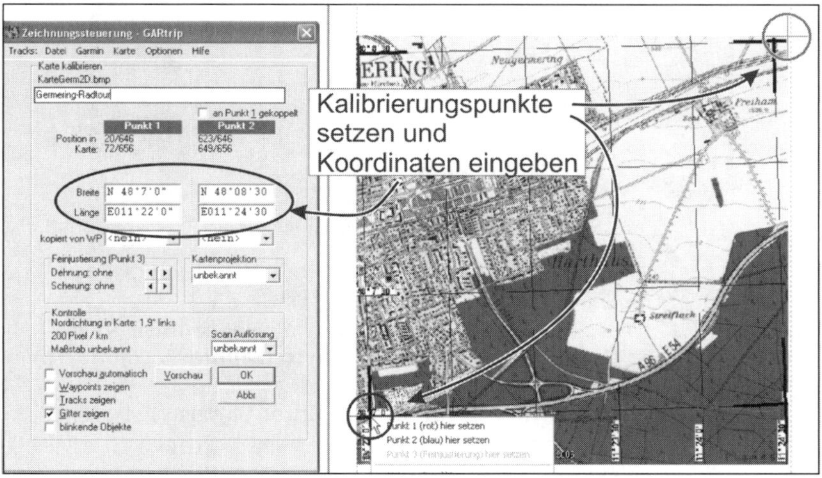

Abb. 7.11: Karte mit Kalibrierungspunkten (©MagicMaps GmbH, ©Bundesamt f. Kartographie u. Geodäsie)

Nun können Sie dann Ihre GPS-Daten einlesen und anzeigen lassen. Wählen Sie dazu in der *Zeichnungssteuerung* `Garmin / Lesen`. Je nach Datenmenge kann das Einlesen einige Sekunden dauern. Dann können Sie wieder mit der Schaltfläche *Zeichnen* die eingelesenen Daten auf dem Plan anzeigen lassen.

Abb. 7.12: Track einer Fahrradtour auf eingescannter Karte (©MagicMaps GmbH, ©Bundesamt f. Kartographie u. Geodäsie)

Im Hauptfenster der Software finden Sie unter `Garmin / Lesen: WP`, `Garmin / Lesen: Routen` und `Garmin / Lesen: Tracks` die Menüpunkte, um einzeln nur Wegpunkte, Routen oder Tracks einzulesen. Mit dem Einlesen einer Route kommen natürlich auch die dazugehörigen Wegpunkte mit. Über die Schaltfläche `Routen` und im Hauptdialogfenster können Sie die Routen auch bearbeiten. Nach Anklicken eines Wegpunkts entweder im *Routen-Dialogfenster* oder im *Hauptfenster* mit der Schaltfläche `Edit` öffnet sich der *Wegpunkt-Editor*, um Wegpunktdaten zu bearbeiten.

Im Zeichnungsfenster können Sie mit einem Rechtsklick ein Kontextmenü mit zahlreichen Funktionen zum Zoomen aktivieren (siehe Abbildung 7.13). Auch können Sie einen Bereich des Zeichnungsfensters vergrößern, indem Sie mit gedrückter rechter Maustaste eine Box darum ziehen.

Abb. 7.13: Kontextmenü zum Bearbeiten der Karte (©MagicMaps GmbH, ©Bundesamt f. Kartographie u. Geodäsie)

Das Programm bietet noch zahlreiche weitere Funktionen zum Editieren und Erzeugen von Wegpunkten und Routen, von denen hier nur einige kurz angedeutet werden sollten. Weitere Funktionen wird jeder wahrscheinlich selbst ausprobieren können.

Neuerdings können auch Ortsmarken und Routen aus *Google Earth* als Wegpunkte bzw. Tracks importiert werden. Dabei müssen die Daten bei *Google* als **.KML*-Dateien abgelegt werden, damit sie in *Gartrip* eingelesen werden können. Die Marken legen Sie unter *Google* mit dem `Pin`-Werkzeug fest. Zum Speichern gehen Sie links in das Fenster `Orte / Meine Orte` und markieren jede Marke. Nach Rechtsklick wählen Sie `Speichern unter` und stellen als Dateityp *Kml* ein anstelle der Vorgabe *Kmz*.

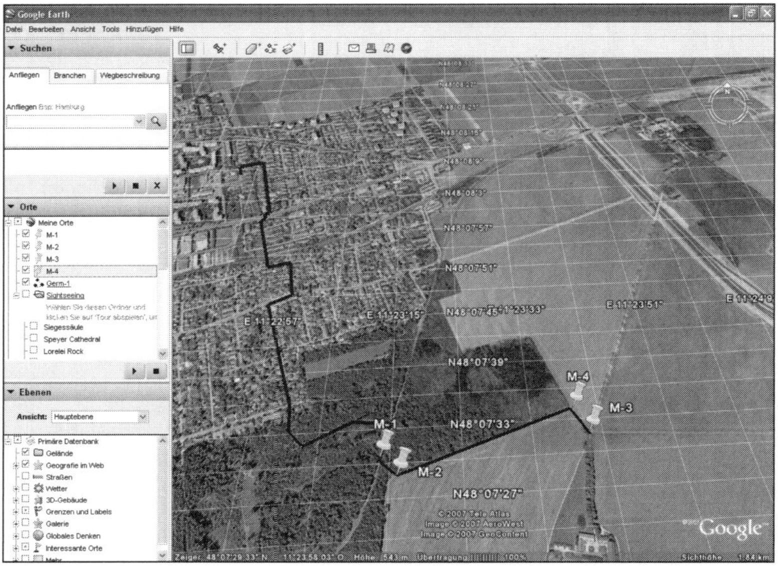

Abb. 7.14: Route und Marken in *Google Earth* (©Google, ©AeroWest, ©Europa Technologies, ©GeoContent)

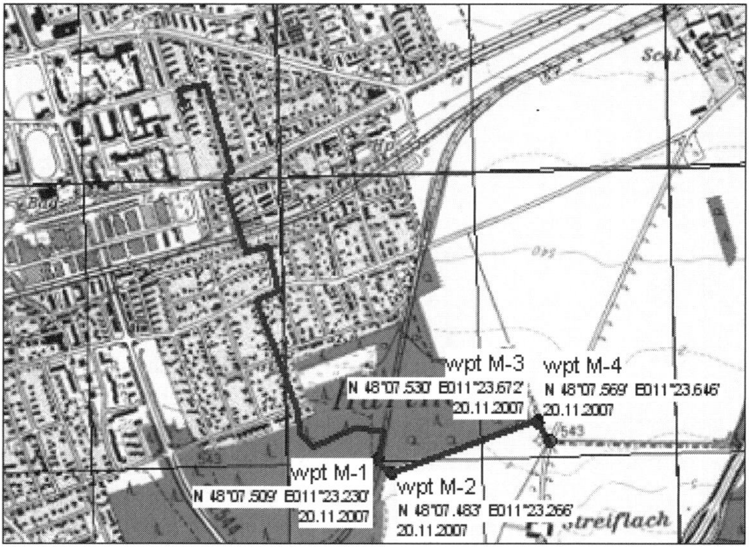

Abb. 7.15: Google-Route und Marken nach Transfer in *Gartrip* (Karte: ©MagicMaps GmbH, ©Bundesamt f. Kartographie u. Geodäsie)

8 Einstellungen beim Geko 201

Ziel des Kapitels

⇨ Die Systemeinstellmöglichkeiten des Geko 201 werden hier gesammelt behandelt.

Schritte zum Erfolg

⇨ Detaillierte Vorstellung der Einstellungen des Geko 201 in einzelnen Schritten

Einstellungen des Geko 201

Die Einstellungen für das Geko 201 erreichen Sie über die Menüseite unter SETUP. Dort kommen Sie weiter zu den Einstellungen für ZEIT, DISPLAY, EINHEITEN, INTERFACE und SYSTEM. Die Verzweigungen und wichtigsten Optionen der Menüführung sind in Abbildung 8.1 grafisch dargestellt.

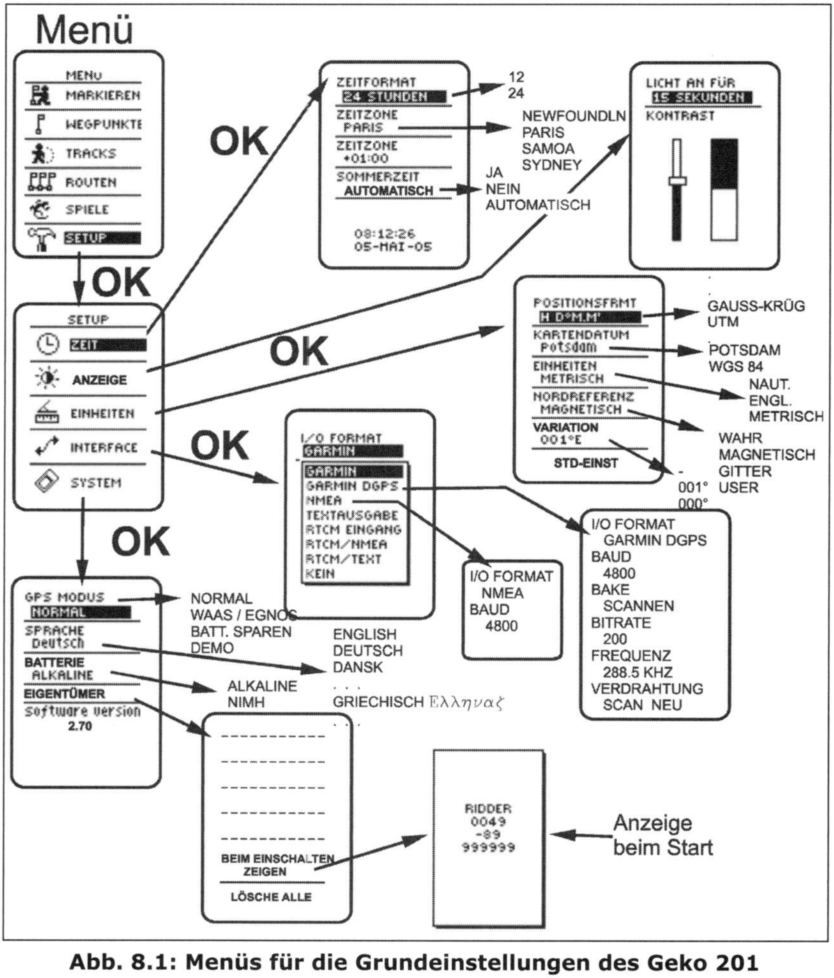

Abb. 8.1: Menüs für die Grundeinstellungen des Geko 201

ZEIT

Hier wählen Sie:

ZEITFORMAT: Sie können zwischen 12- und 24-Stunden-Anzeige wählen.

ZEITZONE: Wählen Sie einen Ort, der Ihre Zeitzone repräsentiert. Dadurch wird in der nächsten Option dann automatisch die Differenz zur GMT (Greenwich Mean Time), der Zeit am Nullmeridian, eingestellt. Nur wenn Sie hier ANDERE wählen, können Sie die Abweichung zu GMT selbst einstellen.

ZEITZONE: Zeigt die Abweichung des obigen Orts von GMT an. Eingabe nur möglich, wenn oben ANDERE gewählt wurde.

SOMMERZEIT: Sie können für die Anpassung an die Sommerzeit zwischen AUTO, JA und NEIN wählen. Bei der Zeitzone ANDERE ist diese Option nicht verfügbar.

ANZEIGE

Unter dieser Option können Sie zuerst verschiedene Zeitdauern für die Leuchtdauer der Display-Beleuchtung einstellen. Bei BLEIBT AN wirkt keine Zeitbeschränkung. Mit einem kurzen Druck auf die Einschalttaste wird die Beleuchtung eingeschaltet, mit einem zweiten kurzen Druck wieder ausgeschaltet. Ansonsten gibt es folgende automatische Leuchtdauern: 15 SEKUNDEN, 30 SEKUNDEN, 1 MINUTE und 2 MINUTEN.

Mit der *Auf/Ab*-Taste können Sie nach dieser Einstellung zum Schieberegler für die Beleuchtungsstärke wechseln. Mit *OK* wählen Sie ihn zur Einstellung aus und mit *Auf/Ab* können Sie dann die Helligkeit regeln.

EINHEITEN

Die EINHEITEN-Einstellungen betreffen das Positionsformat, das Kartendatum, die Entfernungseinheiten, die Nordreferenzeinstellung, die Missweisung (Variation genannt) und die Option `Standard-Einstellungen` zum Zurücksetzen der fabrikmäßigen Voreinstellungen.

POSITIONSFRMT

Hier wählen Sie das Koordinatensystem aus, in dem Sie die Positionen angezeigt bekommen möchten. Übliche Formate sind geografische Koordinaten in Grad, Minuten und Sekunden (`H D° M'S.S`), Gauß-Krüger-Koordinaten (`GAUSS-KRÜG`) und UTM-Koordinaten (`UTM/UPS`). Andere Koordinatensysteme können notwendig werden, wenn Sie Karten anderer Länder und Erdteile verwenden.

Es gibt auch eine Rubrik `BENUTZER`, um für einen Streifen einer Mercator-Projektion eigene Angaben für andere Kartensysteme einzugeben. Sie definieren die Position des Mittelmeridians, einen Maßstabsfaktor sowie einen Korrekturwert für den Mittelmeridian (Rechtswert) und für den Äquatorabstand (Hochwert) eines Streifens. Als Beispiel seien die Karten des ehemaligen Warschauer Pakts angeführt. Sie verwenden 6° breite Streifen, deren Mitte bei 3°, 9° etc. liegt. Der erste Streifen geht von 0° bis 6°. Der Korrekturwert für den Mittenmeridian eines Streifens beträgt 500000, wobei die Streifennummer (multipliziert mit 1 Million) noch dazukommt. Damit ergeben sich folgende Werte für den zweiten Streifen, in dem Deutschland größtenteils liegt:

```
LONGITUDE ORIGIN E009°00.000'
MASSST.       1.0000000
RECHTSW. (MT) 2500000.0
HOCHW (MT)100000.0
```

KARTENDATUM

Das Kartendatum gibt an, welches Modell für das Erdellipsoid verwendet werden soll. Beim Gauß-Krüger-Gitter wird hier üblicherweise das Datum `POTSDAM` verwendet, im UTM-Gitter ist `WGS84` die normale Einstellung.

Für besondere Fälle wie das oben zitierte Gitter des Warschauer Pakts wird ein Ellipsoid von Pulkovo verwendet, das man sich bei *www.mima.mil* besorgen kann. Dafür wählen Sie dann die Option USER und geben folgende Daten ein:

DX (MT)28

DY (MT)-130

DZ (MT)-95

DA (MT)-108

DF 0.00480795

EINHEITEN

Bei den Einheiten können Sie zwischen NAUTISCH, ENGLISCH und METRISCH wählen. Was Sie davon zum Wandern wählen, ist wohl klar. Allerdings ist es mir auch schon passiert, dass ich für entlegene Gebiete zu Lande nur englische Seekarten bekam. Da muss dann eventuell doch ein anderes Einheitensystem benutzt werden.

NORDREFERENZ

Sie wählen hier aus, welche Nordrichtung Sie verwenden wollen:

WAHR: Verwendet die Richtung zum geografischen Nordpol. Bei dieser Option gibt es dann bei der nachfolgenden Option keinen Eintrag für die Missweisung. Diese Auswahl ist sinnvoll, wenn Sie mit Karten arbeiten, die ein geografisches Gitter verwenden.

MAGNETISCH: Verwendet die Richtung zum magnetischen Nordpol. Bei dieser Option ist dann als Missweisung der feste Wert 1° OST eingestellt, der nicht verändert werden kann. Sie können die Richtungen dann mit einem Kompass vergleichen, der keine Korrektur für die Missweisung eingestellt hat. Die Abweichung von der wahren Nordrichtung kann aber für die normale Orientierung beim Wandern in Deutschland vernachlässigt werden. Die Wirkung ist folgende: Wenn Sie einen Winkel unter WAHR mit 75° messen, dann ergeben sich unter MAGNETISCH 74°. Wenn Sie in anderen Gegenden mit größeren Werten der Missweisung unterwegs sind, müssen Sie diese unter der Option USER einstellen.

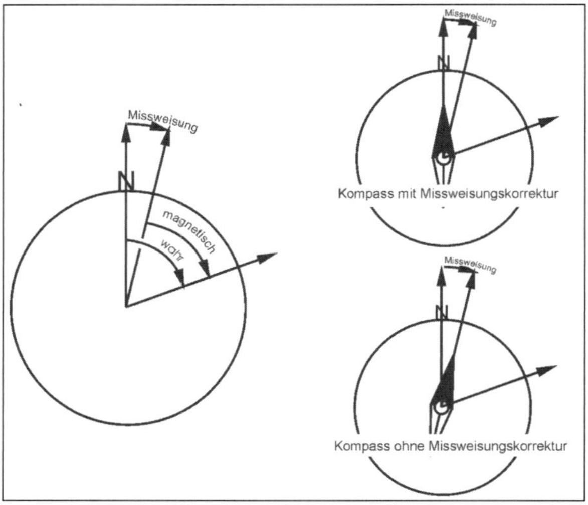

Abb. 8.2: Winkelanzeigen und Missweisung

GITTER: Verwendet die Nordrichtung des aktuell eingestellten Kartengitters. Wenn Sie dann Winkel messen und Marschrichtungen vergleichen oder für Wegpunkte eingeben wollen, müssen Sie die Winkel relativ zum passenden Kartengitter messen.

USER: Diese Einstellung ist für all die Fälle interessant, wo mit dem Kompass verglichen werden soll und eine signifikante Missweisung größer als 1° zu berücksichtigen ist. Dann können Sie bei dieser Optionsauswahl unten eine beliebige Missweisung eintragen. Nötig ist das aber immer nur, wenn Ihr Kompass nicht auf diese Missweisung korrigiert ist.

VARIATION (Missweisung)

In diesem Feld können Sie nur etwas eintragen, wenn Sie oben die Option USER gewählt haben. Dann geben Sie hier die Missweisung ein, aber auch nur, wenn Sie mit einem nicht korrigierten Kompass vergleichen. Ansonsten sind die Werte hier durch die vorherige Option fest bestimmt: Bei WAHR macht die Missweisung keinen Sinn, also steht hier kein Wert, bei MAGNETISCH ist 1° OST fest eingestellt und bei GITTER steht 0° fest drin.

STD-EINST

Diese Option setzt alle vorhergehenden Optionen auf die Fabrikwerte zurück:

```
HH_D°M.M'
WGS84
ENGLISCH
MAGNETISCH
001°E
```

INTERFACE

Sie stellen hier für den Datentransfer vom und zum Computer das Kommunikationsprotokoll ein. Welches Protokoll jeweils zu wählen ist, müssen Sie von dem betreffenden Programm erfahren. Da die Marke Garmin weit verbreitet ist, müssen Sie für viele Programme einfach nur `GARMIN` an dieser Stelle wählen. Manchmal ist auch das Format `NMEA` gefordert.

Ein Wort sei noch zum Thema DGPS erlaubt. Unter den Protokollen tauchen auch `GARMIN DGPS` und einige mit der Abkürzung `RTCM` auf. DGPS ist die Abkürzung für *Differential GPS* und bedeutet eine Optimierung des GPS-Signals durch Korrekturdaten. Solche Korrekturdaten werden von Bodenstationen mit genau bekannter Position aufgrund dort empfangener GPS-Informationen erzeugt und an DGPS-Empfänger gesendet. Solche Empfänger werden auch als Bakenempfänger bezeichnet, die dann mit dem eigentlichen GPS-Gerät über dieses Interface hier verbunden werden. DGPS-Empfänger sind relativ teure Zusatzeinrichtungen, die nur für sehr genaue Positionsbestimmungen nötig sind.

Auch die im nächsten Abschnitt unter WAAS und EGNOS erwähnten Erweiterungen zu GPS sind DGPS-Methoden, bei denen aber die Korrektursignale über Satelliten gesendet werden.

SYSTEM

Hier finden Sie Grundeinstellungen für Ihr GPS-System. Das Menü untergliedert sich wiederum in GPS MODUS, SPRACHE, BATTERIE und EIGENTÜMER.

GPS MODUS: NORMAL, WAAS, BATT. SPAREN, DEMO

⇨ NORMAL: Stellt den normalen GPS-Empfang ein. Dabei bleibt das Geko 201 nach dem Einschalten kontinuierlich an und reagiert so bei der Track-Aufzeichnung am schnellsten auf Änderungen der Bewegung.

⇨ WAAS: Aktiviert eine Fehlerkorrektur zum normalen GPS-Modus für Nordamerika. Das WAAS-System (Wide Area Augmentation System) sendet über weitere geostationäre Satelliten zusätzliche Korrekturdaten. Diese Korrekturdaten werden von exakt vermessenen Bodenstationen ermittelt, die die normalen GPS-Informationen überprüfen und dann die Korrekturdaten an die geostationären Satelliten senden. Das WAAS-System ist aber nur für den Bereich Nordamerikas wirksam. Wenn Ihr GPS-Gerät aber außerhalb Nordamerikas WAAS-Signale empfängt, führt das zu einer Verschlechterung der Positionsbestimmung, weil die Korrekturen nur auf Nordamerika abgestimmt sind. Der Empfang von WAAS-Signalen ist daran zu erkennen, dass Sie den Satelliten Nr. 35 auf der Satellitenseite sehen. In Europa ist ein ähnliches System im Aufbau mit dem Namen EGNOS (European Geostationary Navigation Overlay Service). EGNOS-Signale sind dann nur für den europäischen Raum als Korrekturen konzipiert. Die Signale können bereits jetzt im Teststadium empfangen werden. Anfang 2008 ist die Freigabe für lebenswichtige Anwendungen wie etwa im Luftverkehr geplant.

⇨ BATT. SPAREN: Im Batteriesparmodus wird das Geko immer nur kurzzeitig für eine Positionsaufzeichnung eingeschaltet und danach wieder ausgeschaltet. Zwischen den Positionsbestimmungen liegen einige Sekunden. Der WAAS-Modus wird dabei abgeschaltet.

⇨ DEMO: Im Demo-Modus wird die GPS-Funktion abgeschaltet.

SPRACHE

Hier wählen Sie Ihre Sprache für alle Menüs aus. Seien Sie vorsichtig beim Umschalten in andere Sprachen, deren Schriftzeichen Sie nicht kennen! Es ist unter Umständen schwierig, wieder zurückzukommen.

BATTERIE

Sie können Alkali-Batterien oder Nickel-Metallhydrid-Akkus benutzen. Hier müssen Sie den richtigen Typ einstellen, weil die verschiedenen Typen mit unterschiedlichen Spannungen arbeiten. Alkali-Batterien haben 1,5 V, NiMH-Akkus dagegen nur 1,2 V Spannung.

EIGENTÜMER

Sie können hier bis zu fünf Zeilen Information eintragen. Das ist immer nützlich, falls das Gerät verloren geht und von einem ehrlichen Finder entdeckt wird. Achten Sie aber darauf, dass Sie hier nichts eintragen, was es einem unehrlichen Finder in Ihrer Abwesenheit ermöglicht, Ihre Wohnung ausräumen zu lassen. Also sinnvollerweise vielleicht Ihre E-Mail-Adresse oder die Telefonnummer vom Büro.

Optional können Sie hier auch wählen, ob diese Information beim Einschalten für einige Sekunden stets angezeigt werden soll.

9 Umgang mit dem Kompass

Ziel des Kapitels

- Benutzung des Kompasses zur Planung einer Tour

Schritte zum Erfolg

- Arbeit an der Karte zur Tourenplanung
- Marschieren mit Kompass im Gelände
- Positionsbestimmung durch Anpeilen bekannter Punkte
- Bestimmung von Höhen über Neigungsmessung

Arbeit an der Karte zur Tourenplanung

Moderne Kompasse sind ähnlich konstruiert wie der hier als Beispiel in Abbildung 9.1 gezeigte Recta DS 56.

- ⇨ Sie sind aufklappbar mit durchsichtigem Boden
- ⇨ Sie besitzen einen Spiegel mit Peileinrichtung zum Ablesen der Kompassrose beim Peilen
- ⇨ Sie tragen fluoreszierende Markierungen zur Benutzung bei Dunkelheit
- ⇨ Als Zusatz ist noch ein schwarzer Zeiger für Neigungsmessungen vorhanden.
- ⇨ Außerdem liegt ein kleiner Schraubenzieher zur Einstellung der Missweisung bei.

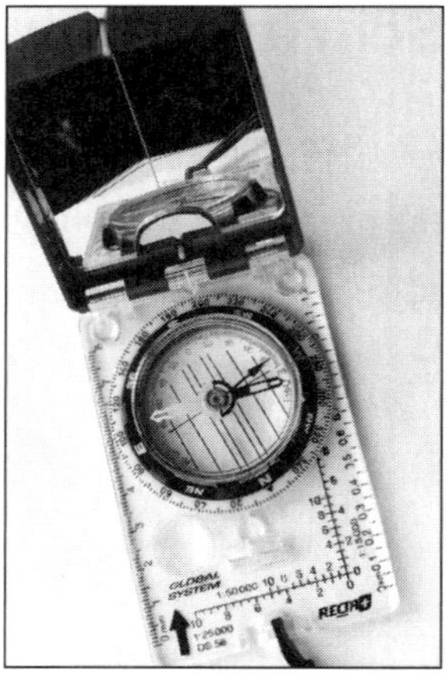

Abb. 9.1:
Kompass RECTA-DS 56

Der Kompass wird sowohl in Zusammenhang mit der Karte zur Ermittlung der Gehrichtungen verwendet als auch dann im Gelände zum Wählen der Marschrichtung oder zum Anpeilen von markanten Punkten oder Berggipfeln.

Zum Anpeilen von Objekten im Gelände werden die in Abbildung 9.2 gezeigten Peileinrichtungen verwendet sowie die in den Spiegel eingearbeitete Peillinie. In Abbildung 9.10 ist gezeigt, wie die Marken der Peileinrichtung auf das Ziel ausgerichtet werden, wobei die Peillinie im Spiegel dann sauber durch die Mitte der Kompassrose und die gespiegelten Peileinrichtungen laufen muss.

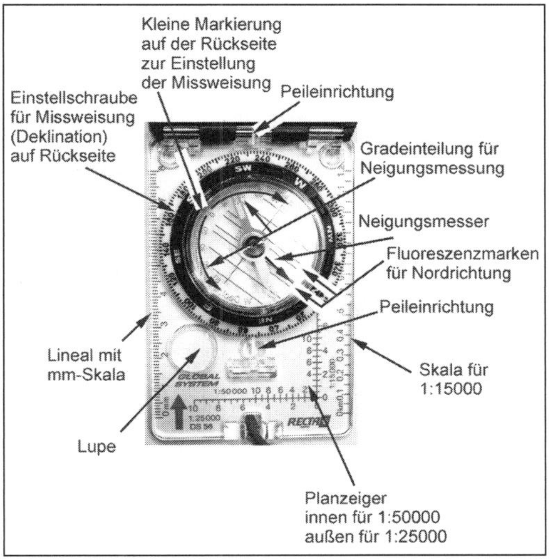

Abb. 9.2: Kompass mit Kartenhilfsmitteln

Mit den Planzeigern kann man aus Wanderkarten mit den üblichen Maßstäben 1:25000 und 1:50000 direkt die Entfernungen von den Gitterlinien abmessen. Auf diesen Skalen bedeutet immer eine Einheit 100 Meter. Das Vorgehen wird im folgenden Praxisbeispiel demonstriert.

Am linken Rand befindet sich noch eine Millimeterskala, um bei Karten mit beliebigen Maßstäben die Entfernungen abzulesen und über den Maßstabsfaktor in Meter in Natur umzurechnen. Bei einem Maßstab 1:xx000 bedeutet dann 1 mm auf der Karte xx000 Millimeter in Natur oder einfacher xx Meter in Natur. Also bei M=1:50000 bedeutet 1 mm auf der Karte 50 m in Natur.

Auf dem rechten Rand ist eine Entfernungsskala für M=1:15000 angegeben. Die Skala ist in Kilometern abzulesen. Dies ist ein Maßstab, der bei speziellen Karten für Waldläufer gern verwendet wird.

Beim vorliegenden Kompassmodell ist neben der eigentlichen Kompassnadel, die mit ihrer roten Spitze die Nordrichtung weist, ein zusätzlicher schwarzer Zeiger vorhanden, der zur Messung von Neigungen verwendet wird. Diese Anwendung wird weiter unten demonstriert.

Ferner gibt es auf der Rückseite eine winzig kleine Schraube, mit der man die Abweichung des magnetischen Nordpols vom geografischen Nordpol einstellen kann. Diese Abweichung wird Missweisung oder auch Deklination genannt.

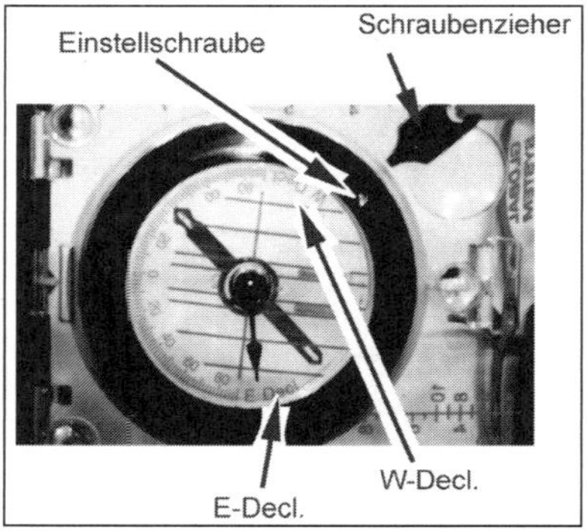

Abb. 9.3: Kompassrückseite mit Einstellschraube und Skala für Missweisung

Die Missweisung

Zu Anfang des Buches hatten Sie als einfachstes Modell der Erde den Globus gesehen, dessen Achse durch einen Nord- und Südpol geht. Diese Achse ist eigentlich durch keine markanten geografischen Objekte markiert, aber es ist die gedachte Achse, um die sich die Erde täglich einmal dreht. Rechnerisch kann man die Positionen für die dazugehörigen Nord- und Südpole ermitteln und durch Messung auf der Erde festlegen.

Schon seit langer Zeit hat man beobachtet, dass die Erde auch ein Magnetfeld hat, das im Großen und Ganzen etwa dem Magnetfeld eines Stabmagneten ähnelt. Beim Stabmagneten laufen magnetische Feldlinien von einem Nordpol zu einem Südpol. Solche magnetischen Feldlinien sind mit einer Magnetnadel eben dadurch nachweisbar, dass diese parallel zu den Feldlinien ausgerichtet wird. Nun ist aber bei der Erde dieser Stabmagnet nicht fest mit der Erdachse verbunden. Vielmehr entsteht das Magnetfeld der Erde durch Ströme im flüssigen Erdkern, und da geht es durchaus turbulent zu.

Es ist fast ein Wunder, dass das Magnetfeld oberhalb der Erdoberfläche, das wir dann messen können, noch einigermaßen einfach strukturiert ist. Und ein Wunder ist es auch, dass wenigstens für das Gebiet von Deutschland die Abweichung dieses Stabmagneten von der Globusachse recht gering ist. Diese Abweichung ändert sich mit der Zeit und ist auf guten Karten auch angegeben.

Momentan kann man in Deutschland von einer Abweichung zwischen der geografischen Nordrichtung und der Magnetfeldrichtung von etwa einem Grad in Richtung Osten rechnen. Diese Abweichung nennt man Missweisung oder Deklination. Eine Kompassnadel zeigt also nicht direkt nach Norden, sondern weicht um 1 Grad nach Osten ab. In meiner Jugend betrug die Missweisung noch 2 Grad West. So haben sich also in den letzten 40 Jahren in Deutschland die Magnetfeldlinien doch einigermaßen verändert.

In anderen Regionen verlaufen die Magnetfeldlinien nicht so modellhaft wie bei uns und die Missweisung kann 20° und mehr betragen. Die Missweisung ist also ein Wert, der lokal ganz unterschiedlich sein kann, denn er wird durch ein recht turbulentes Erdinneres bestimmt. Es wird auch damit gerechnet, dass sich im Laufe der Zeit die Unregelmäßigkeiten des Magnetfelds verstärken und auch eine Umkehr der Magnetfeldrichtung möglich ist. Jedenfalls sind nicht nur Wanderungen des magnetischen Pols, sondern auch Umkehrungen der globalen Ausrichtung des Magnetfelds in großen Zeiträumen in der Vergangenheit nachweisbar.

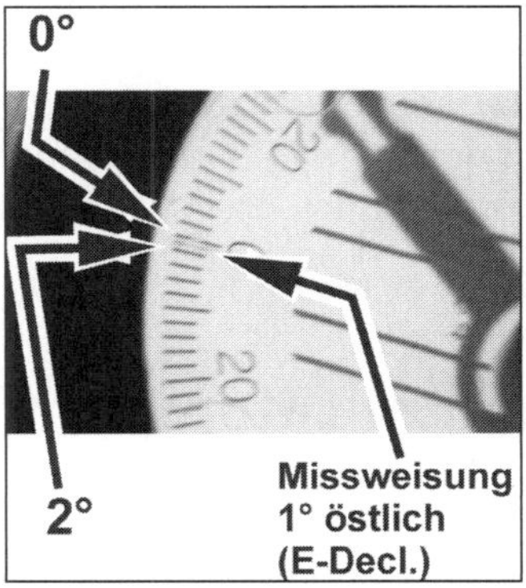

Abb. 9.4: Missweisung auf 1° östlich eingestellt

Auf guten Karten ist die lokale Missweisung angegeben, und in vielen Karten unserer Regionen werden Sie die Bemerkung finden, dass momentan die Missweisung – auch Nadelabweichung genannt – vernachlässigt werden kann.

Wollen Sie aber doch die Missweisung am Kompass einstellen, dann sollten Sie ihn umdrehen, den kleinen Schraubenzieher im Zubehör suchen oder sich einen feinen Uhrmacherschraubenzieher besorgen und nun an dieser Schraube drehen. Auf der Rückseite des Kompasses gibt es eine Skala mit der Bezeichnung `E Decl.` (East Declination) auf der einen Seite und `W Decl.` (We st Declination) auf der anderen. Wenn Sie nun an der kleinen Schraube drehen, werden Sie feststellen, dass eine kleine Markierung bei 0° zu wandern beginnt. Für unsere Gegend sollten Sie sie also auf `1° E Decl.` stellen. Da 1 Teilstrich 2 Grad entspricht, stellen Sie die Marke genau zwischen den 0°- und den 2°-Strich. Sie haben damit die Kompassskala um 1° nach Westen gegenüber den Nordmarken am Boden der Kompassdose verdreht. Die Kompassskala zeigt damit immer einen Grad mehr westlich an, als die Nadel weist. Und das kompensiert die östliche Missweisung von 1°.

Die Einstellung der Missweisung ist in unserer Gegend eher unwichtig, weil Sie kaum auf 1° genau messen werden. Sie ist gegenüber dem normalen Messfehler vernachlässigbar gering. In anderen Gegenden aber kann sie etliche Grade betragen.

TIPP

Die Missweisung (Deklination) ist eine lokale Korrektur für das unregelmäßig geformte und sich im Lauf der Jahre verändernde Magnetfeld der Erde. Im deutschen Raum und in den Alpen kann man diese Missweisung fast vernachlässigen, weil sie zwischen 0° und 1° liegt.

Marschrichtung mit Kompass und Karte bestimmen

Es soll hier das in Kapitel 4 angefangene Beispiel mit dem Kompass durchgespielt werden. Die Startposition, Entfernungs- und Richtungsdaten für den Rundweg bei Andechs sollen aus einer Karte bestimmt werden. Zur Deutlichkeit wurde der Weg in der Karte absichtlich etwas sehr dick nachgezeichnet.

Es wurde hier eine Karte unter *magicmaps* ausgedruckt, weil damit eine exakte geografische Netzeinteilung möglich wird. Der Maßstab wurde zum Drucken auf 1:25000 eingestellt. Viele touristische Wanderkarten besitzen keine geografische Netzeinteilung, sondern nur ein reines Suchgitter für Orte. Diese Suchgitter, die meist in einer Richtung alphabetisch A, B, C ... und in der anderen mit Zahlen 1, 2, 3 ... durchnummeriert sind, bringen keinen Nutzen für die geografische Positionsbestimmung.

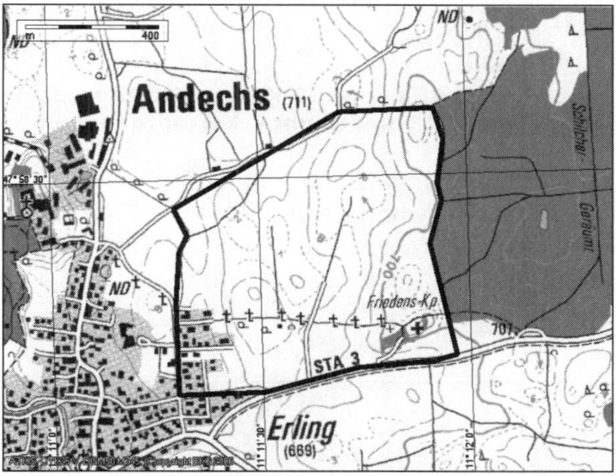

Abb. 9.5: Beispiel für Rundweg bei Andechs

Die Karte wurde unter *magicmaps* nun mit Gauß-Krüger-Gitter versehen. Der Abstand der Netzlinien beträgt 200 m. Relativ zu diesem Gitter soll nun der Startpunkt mit dem Planzeiger des Kompasses bestimmt werden.

Der Kompass wird daher mit dem Planzeiger auf den Gitterpunkt gesetzt, der dem Startpunkt am nächsten liegt. Die Skalen des Planzeigers müssen natürlich parallel zu den Gitterlinien liegen. Nun kann man in der horizontalen Richtung am Planzeiger 100 m und in der senkrechten Richtung 50 m ablesen. Da der nächste Gitterpunkt die Koordinaten 44.39400 (rechts) und 53.15400 (hoch) hat, ergeben sich die Werte 44.39500 und 53.15450 für den Startpunkt.

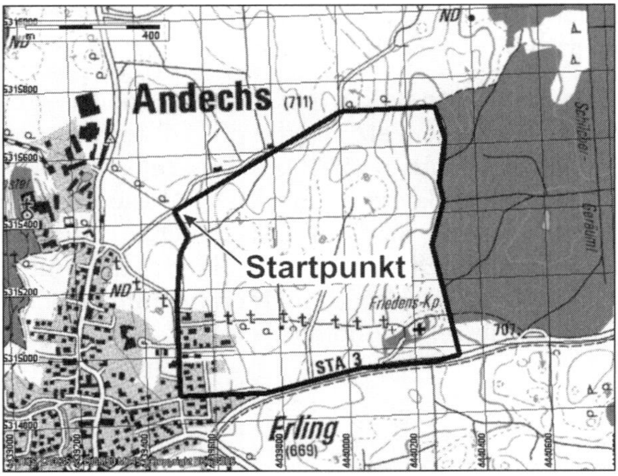

Abb. 9.6: Karte mit Gauß-Krüger-Gitter ergänzt (©MagicMaps GmbH, ©Bundesamt f. Kartographie u. Geodäsie)

Für den nächsten Wegpunkt (siehe Abbildung 9.7) liest man nun ab: 500 m und 300 m. Der waagerechte Wert ist zu 44.39500 dazuzuzählen, der senkrechte Wert zu 53.15450. Damit wären die Gauß-Krüger-Koordinaten für den zweiten Wegpunkt 44.40000 und 53.15750.

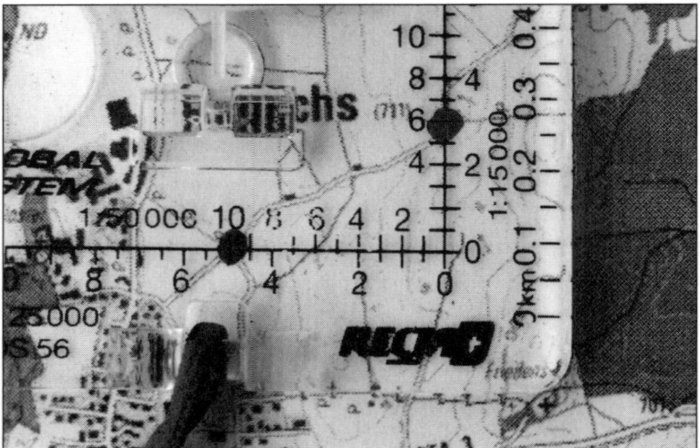

Abb. 9.7: Einsatz des Planzeigers zur Bestimmung der Wegkoordinaten (©MagicMaps GmbH, ©Bundesamt f. Kartographie u. Geodäsie)

Alternativ können aber auch die Längen der einzelnen Wegstrecken und die Winkel zur Nordrichtung gemessen werden und zum Wandern mit dem Kompass oder zur Eingabe fürs GPS verwendet werden. Die Entfernungen der einzelnen Wegstrecken können einfach mit den Skalen des Planzeigers abgemessen werden. Zur Messung der Richtungen sollte nun zuerst die Karte eingenordet werden. Dazu stellen Sie zuerst am Kompass die Nordmarke der Kompassrose auf die Peilmarkierung oben. Dann müssen Sie den Kompass am Kartenrand anlegen und die Karte mit dem Kompass so lange drehen, bis die Magnetnadel zwischen den fluoreszierenden Nordmarken steht (siehe Abbildung 9.8). In dieser Lage kann man die Karte auch direkt benutzen, um im Gelände bestimmte Positionen aus der Karte anzupeilen.

Abb. 9.8: Einnorden der Karte (©MagicMaps GmbH, ©Bundesamt f. Kartographie u. Geodäsie)

Nun sollen die Richtungen für die einzelnen Wegstrecken bestimmt werden. Die einzelnen Aktionen sind in Abbildung 9.9 durchnummeriert. Die Karte bleibt eingenordet liegen (1). Der Kompass wird mit dem rechten Lineal an die Wegstrecke angelegt (2). Achten Sie dabei darauf, dass die Pfeilmarke links am Kompass in die Bewegungsrichtung zeigt bzw. parallel dazu. Halten Sie den Kompass fest und drehen Sie nun die Kompassrose wieder auf Nordrichtung (3). An der Peilmarke (4) lesen Sie die Richtung oder Marschzahl ab, hier 58°.

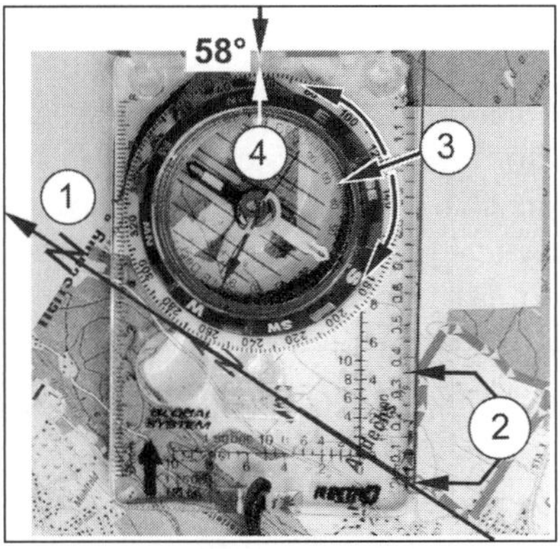

Abb. 9.9: Winkel (Marschzahl) mit Kompass bestimmen (©MagicMaps GmbH, ©Bundesamt f. Kartographie u. Geodäsie)

Sie können die Marschzahl auch bestimmen, ohne die Karte vorher einzunorden. Dazu legen Sie wieder den Kompass an die Wegstrecke mit dem linken Rand an (2). Dann drehen Sie die Kompassrose so (3), dass die waagerechte Linie parallel zur Kartenbeschriftung und parallel zum unteren oder oberen Rand steht. Entsprechend können Sie auch die parallelen Linien in der Kompassrose parallel zum rechten oder linken Rand drehen. An der Peilmarke (4) lesen Sie wieder die Richtung oder Marschzahl ab.

Die Ergebnisse sind:

- ⇨ 550m 60°
- ⇨ 300m 85°
- ⇨ 400m 180°
- ⇨ 350m 170°
- ⇨ 600m 260°
- ⇨ 250m 270°
- ⇨ 450m 0°
- ⇨ 50m 30°
- ⇨ 100m 330°

Gehen im Gelände

Für die Wanderung im Gelände haben Sie nun zwei Möglichkeiten. Einmal können Sie die obige Tabelle verwenden, um mit dem Kompass zu gehen. Peilen Sie dazu am Startpunkt die Richtung an, merken Sie sich in der angepeilten Zielrichtung ein Geländedetail und zählen Sie dann beim Gehen die Schritte. Wenn Sie zwei Schritte pro Meter rechnen, kommen Sie recht gut hin.

Die zweite Möglichkeit ist natürlich wieder unser GPS. Stellen Sie auf der *Menüseite* unter `SETUP > EINHEITEN > POSITIONSFRMT` das Format `GAUSS-KRÜG` mit `KARTENDATUM` Potsdam ein. Nun können Sie auf der *Menüseite* unter `WEGPUNKTE` den Startpunkt als neuen Wegpunkt eingeben. Danach geben Sie die folgenden Punkte mit der Option `PROJECT` als projizierte Punkte ein, wie in Kapitel 4 beschrieben. Für jeden neuen Wegpunkt geben Sie ja dort den Abstand in Kilometern und die Richtung in Grad ein.

Positionsbestimmung mit dem Kompass

Der Magnetkompass ist dem GPS-Gerät ohne extra Kompass in einem Punkt überlegen: Er kann an jeder Position im Stand direkt die Richtung messen. Das reine GPS-Gerät braucht zur Feststellung der Himmelsrichtung immer erst eine Bewegungsrichtung, um dann aus mehreren Positionsmessungen die Nordrichtung abzuleiten. Da diese Positionsmessungen ihrerseits mit gewissen Ungenauigkeiten behaftet sind, ist auch die Bestimmung der Richtung nur innerhalb entsprechender Abweichungen möglich. Sehr gute GPS-Geräte wie *eTrex VISTA HCx* oder *GPSmap 60CSx* verfügen deshalb noch über einen integrierten Magnetkompass zum genauen Peilen. Damit Sie mit dem GPS-Gerät die Himmelsrichtung wenigstens abschätzen können, müssen Sie es natürlich immer so halten, dass es in der Richtung Ihrer aktuellen – oder im Stand Ihrer bisherigen – Bewegung verbleibt. Nur so ist es als Richtungsweiser von Nutzen.

Da der Kompass sich direkt an den Magnetfeldlinien orientiert, ist er – bei korrekter Einstellung der örtlichen Missweisung – sofort zum direkten Anpeilen einer Richtung geeignet.

Im Folgenden wurde eine kleine Wanderung beim Kloster Benediktbeuern unternommen, um einige bekannte und weniger bekannte Berggipfel anzupeilen und die eigene Position anhand einer Landkarte zu bestimmen.

Ein Berggipfel wird über die Kimme angepeilt, wobei die Peillinie im Spiegel mit der Drehachse der Kompassnadel fluchten muss wie in Abbildung 9.10 gezeigt. Die Kompassrose wird über den Spiegel beobachtet und so eingestellt, dass die Nordrichtung (rotes Nadelende) zwischen den beiden fluoreszierenden Nordmarkierungen zu liegen kommt.

Abb. 9.10: Anpeilen eines Gipfels

Aus alten Zeiten besitze ich noch einen Bézard-Kompass (Abbildung 9.11), der einen Peilschlitz hat, was das Peilen in den Bergen sehr erleichtert. Leider wird dieses Modell nicht mehr hergestellt.

Abb. 9.11: Bézard-Kompass mit Spiegel und Visiereinrichtung

Abbildung 9.12 zeigt nun ein Panoramabild der angepeilten Berge. Einige kenne ich vom Wandern, andere nicht. Die Peildaten sollen nun verwendet werden, um einerseits die aktuelle Position über die bekannten Berge zu bestimmen, andererseits unbekannte Gipfel zu identifizieren.

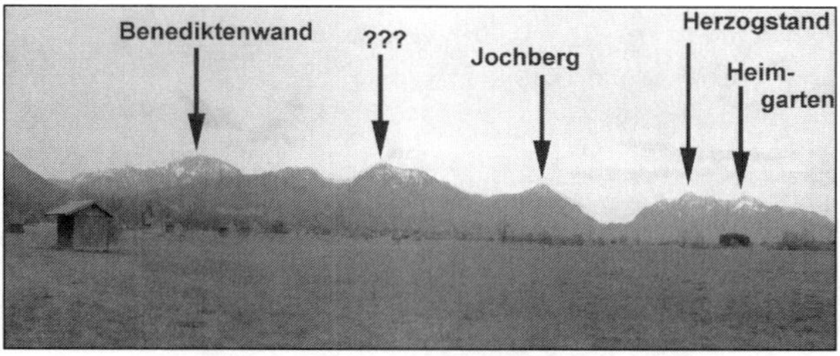

Abb. 9.12: Angepeilte Berge bei Benediktbeuern

Die Kompassmessung ergab nun folgende Daten an der ersten Position auf einem Rundweg um das Kloster Benediktbeuern:

- ⇨ Heimgarten 214°
- ⇨ Herzogstand 206°
- ⇨ Jochberg 185°
- ⇨ Unbekannt ??? 165°
- ⇨ Benediktenwand 138°

Um von den bekannten Bergen auf die aktuelle Position zurückzurechnen, müssen Sie die Richtungen umkehren bzw. 180° hinzuzählen und dann die Linien mit diesen Winkeln von den Berggipfeln aus eintragen. Die Rechnung ergibt die folgenden Werte:

- ⇨ Heimgarten: 214°+180° = 394° = 34°
- ⇨ Herzogstand: 206°+180° = 386° = 26°
- ⇨ Jochberg: 185°+180° = 365° = 5°
- ⇨ Unbekannt ??? 165°+180° = 345°
- ⇨ Benediktenwand: 138° +180° = 318°

Mit der Kartensoftware MapSource (siehe Kapitel 12) können Sie mit dem Button `Routenfunktion` die passenden Linien leicht einzeichnen, weil in der Statuszeile unten beim Zeichnen der Winkel als `Peilung ...° Wahr` angezeigt wird. Sie sehen in Abbildung 9.13, dass sich die Linien (dunkelgrau) ziemlich genau in einem Punkt schneiden. Sie können daran auch die Genauigkeit solcher Peilungen abschätzen. Die GPS-Position ist dagegen auf wenige Meter genau. Die gepeilte Position liegt gut 100 m neben der GPS-Position.

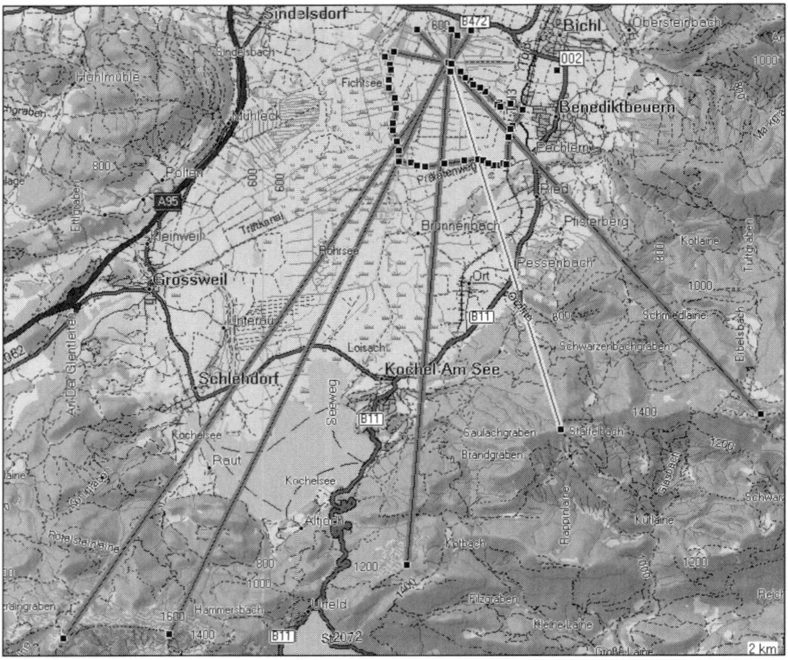

Abb. 9.13: Positionsbestimmung anhand der Kompassdaten

Geht man nun umgekehrt von der exakten GPS-Ortung aus und zeichnet die Peilungen ein, dann lassen sich die Berge identifizieren. Dies ist in Abbildung 9.13 mit der hellen Linien durchgeführt. Damit wird der unbekannte Gipfel zwischen Jochberg und Benediktenwand als Rabenkopf identifiziert. Es ist dabei immer zu berücksichtigen, dass solche Peilungen auf etwa 2° genau sind.

Am zweiten Punkt der Wanderung wurde die Position erneut über drei bekannte Berggipfel ermittelt. Die gemessenen Werte dieser Berge werden wieder zur Positionsbestimmung um 180° gedreht und in die Karte eingetragen:

- ⇨ Jochberg: 177°+180° = 357°
- ⇨ Benediktenwand: 133° +180° = 313°
- ⇨ Kirche Benediktbeuern: 103°+180° = 283°

Die Linien treffen sich diesmal recht gut auch bei der mit GPS ermittelten Position.

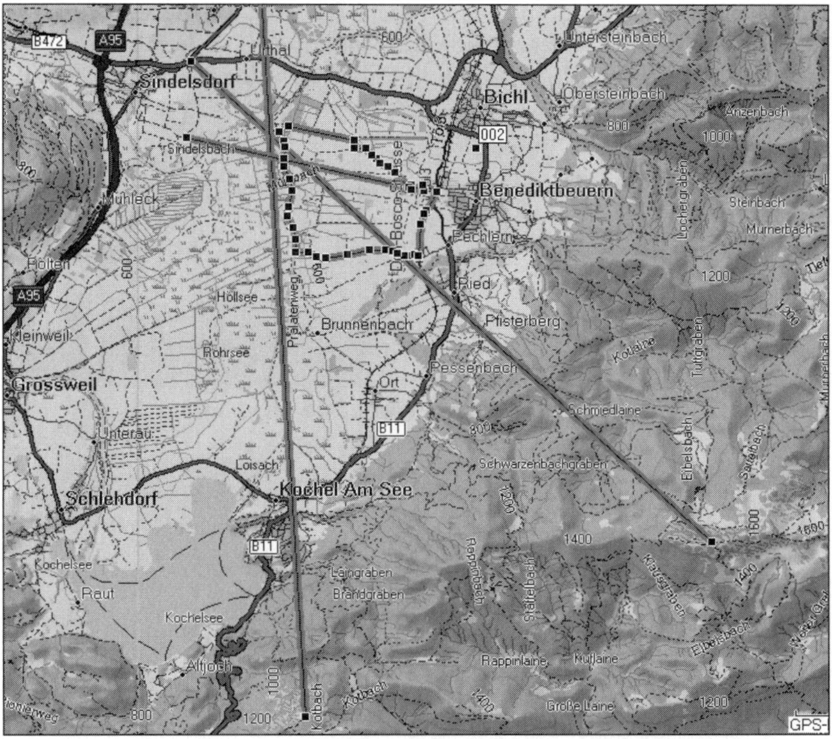

Abb. 9.14: Peilung der Position über drei Berggipfel

Umgekehrt wurden aber auch wieder über die Marschzahlen einige Berge lokalisiert. Die Messwerte sind:

⇨ Jochberg	177°	
⇨ ???	153°	Glaswand
⇨ ???	144°	Rabenkopf
⇨ Benediktenwand	133°	
⇨ ???	107°	Vogelkopf
⇨ Kirche	103°	
⇨ ???	87°	Fahrtkopf
⇨ ???	81°	Stallauer Kopf
⇨ ???	71°	Blomberg

Die Auswertung der gemessenen Richtungen zeigt wieder die Karte in Abbildung 9.16. Hiermit konnten also mehrere Gipfel bestimmt werden: Blomberg, Stallauer Kopf, Fahrtkopf, Vogelkopf, Rabenkopf und Glaswand.

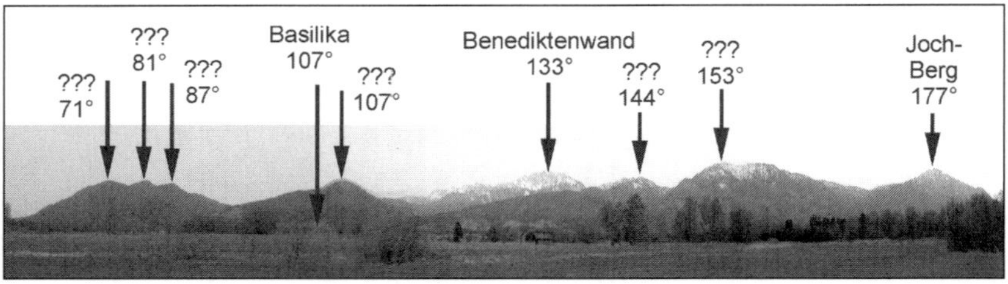

Abb. 9.15: Peilungen am zweiten Punkt

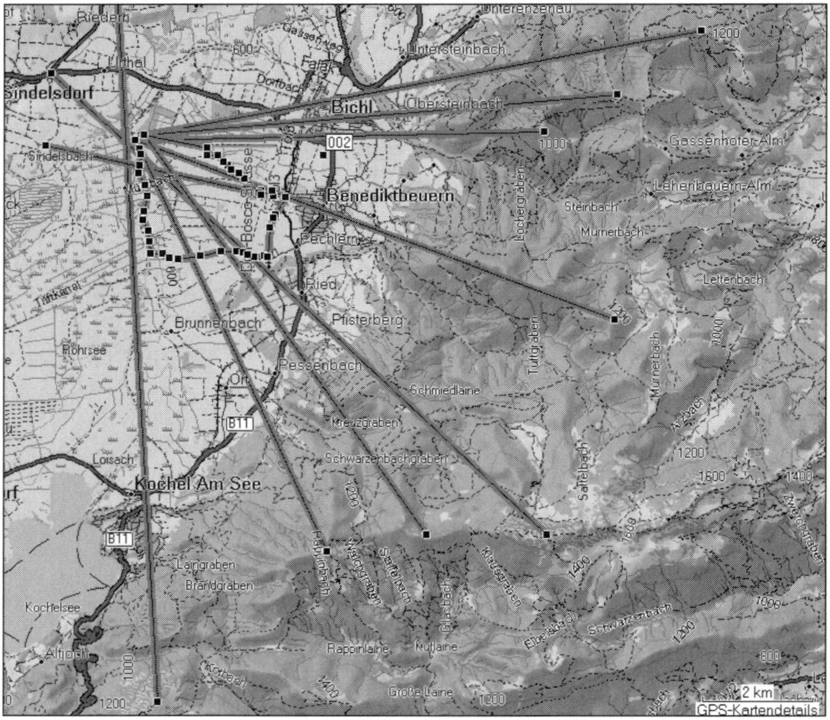

Abb. 9.16: Zweiter Rundblick

Höhen über den Neigungswinkel bestimmen

Mit dem Neigungsmesser im Kompass ist es auch möglich, Höhen zu bestimmen. In diesem Beispiel soll die Höhe der Kirchtürme von Benediktbeuern bestimmt werden. Dazu sind zwei Messungen nötig. Einmal muss man den Abstand vom Kirchturm zu dem Punkt kennen, an dem der Neigungswinkel gemessen wird. Dann muss man mit dem Kompass den Neigungswinkel selbst messen.

Abb. 9.17: Bestimmung der Höhe des Kirchturms

Deshalb wurde ein Wegpunkt am Fuß des Kirchturms gesetzt und ein zweiter an der aktuellen Position für die Neigungsmessung. Im Geko wurde der Abstand vom aktuellen Punkt zum Wegpunkt am Fuß des Kirchturms bestimmt mit:

WP1-WP2 = 64,4 m

Vor der Messung müssen Sie die Linie von `E Decl.` bis `W Decl.` genau zwischen die Peilmarkierungen ausrichten. Solange die Missweisung der Kompasseinstellung vernachlässigbar ist, entspricht das der Ost-West-Ausrichtung der Kompassrose. Zur Winkelmessung wird die Grundplatte des Kompasses senkrecht zum Erdboden gehalten und dann über die Peilmarken die Kirchturmspitze anvisiert. Dabei sollte man darauf achten, dass die Bodenplatte nicht um die Peilrichtung verdreht wird, sondern senkrecht zum Erdboden bleibt, damit sich die Nadel des Neigungsmessers frei bewegen kann. Das Ablesen des Winkels kann über den Spiegel geschehen. Dabei erleichtert es die Ablesung sehr, wenn man ein weißes Blatt Papier unter die durchsichtige Bodenplatte legt. Oder man lässt den Winkel vom Partner ablesen. Hier ergab die Winkelmessung 31°.

Aus dem Kompassdeckel gibt es nun eine sehr nützliche Skala zum Umrechnen der Winkel in die prozentuale Steigung. Ein Ausschnitt der Skala sei hier wiedergegeben:

- ⇨ 28°53,2%
- ⇨ 32°62,5%
- ⇨ 36°72,6%
- ⇨ 40°83,9%

Zur ungefähren Schätzung kann man den nächstliegenden Wert nehmen, nämlich 32° und erhält den Prozentwert von 62,5%. Sie müssen nun nur noch die gemessene Entfernung mit dem Prozentwert multiplizieren und erhalten als ungefähre Höhe:

64,4 m x 62,5% = 40,25 m

Zu einer genaueren Umrechnung kommen Sie, wenn Sie die Tabelle um Zwischenwerte ergänzen. Die Differenz von 4° zwischen 28° und 32° entspricht einer Differenz von 9,3% auf der anderen Seite. Damit entspricht 1° Unterschied dann auf der Prozentseite 2,3%.

Also entspricht 31° auf der Prozentspalte dann (62,5-2,3)% = 60,2%.

Damit ergibt sich die Höhe als 60,2% von 64,4 m: 64,4 x 0,602 = 39 m.

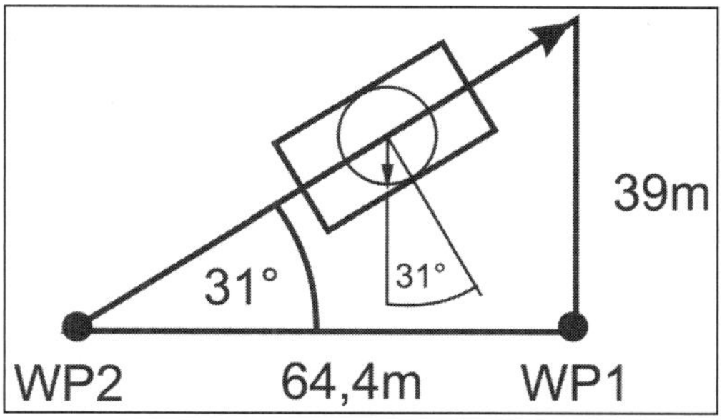

Abb. 9.18: Geometrische Verhältnisse bei der Höhenbestimmung

Abbildung 9.18 zeigt nochmals deutlich die geometrischen Verhältnisse bei der Höhenbestimmung. Gemessen wird der durch den Neigungsmesser im Kompass angezeigte Winkel, der in dem Dreieck zwischen Beobachtungspunkt links, Fußpunkt am Kirchturm rechts und Kirchturmspitze wieder auftaucht. Der Prozentwert einer Neigung gibt das Verhältnis von Höhe zu Entfernung (64,4 m) an. Deshalb erhalten Sie die Höhe, wenn Sie die Entfernung mit dem Prozentwert multiplizieren.

10 Umgang mit dem Höhenmesser

Ziel des Kapitels

- Die Benutzung des Höhenmessers zur Messung von Höhe und Luftdruck wird demonstriert.

Schritte zum Erfolg

- Funktionsweise des Höhenmessers
- Höhenmesser unterwegs benutzen
- Höhenmesser als Barometer zur Wetterbestimmung

Funktionsweise des Höhenmessers

Der konventionelle Höhenmesser funktioniert nach dem Prinzip eines Barometers, eines Luftdruckmessers. Die Geräte sind typischerweise Zeigerinstrumente mit einer Rundskala (siehe Abbildung 10.1). Es gibt Höhenmesser mit verschiedenen Bereichen, bis 4000 m, 5000 m, 6000 m oder 9000 m. Eine Skalenumdrehung entspricht meist 1000 m oder 2000 m. Eine Zählscheibe, die über einen Ausschnitt in der Skalenscheibe sichtbar ist, zeigt den Grobbereich an. Bei meinem THOMMEN-Gerät sind die Bereiche auch farblich unterlegt: rot von 0 m bis 1000 m, gelb von 1000 m bis 2000 m, blau von 2000 m bis 3000 m.

Abb. 10.1: THOMMEN-Höhenmesser

Die Funktionsweise des Höhenmessers basiert auf der Tatsache, dass der Luftdruck mit der Höhe abnimmt. Beträgt der Luftdruck im Normalfall bei 0 m Meereshöhe 1013 hPa (Hektopascal), so fällt er bei den höchsten Bergen des Himalajas auf unter die Hälfte ab (siehe Abbildung 10.2). Diesen Zusammenhang zwischen Höhe und Luftdruck kann man zur Höhenmessung benutzen.

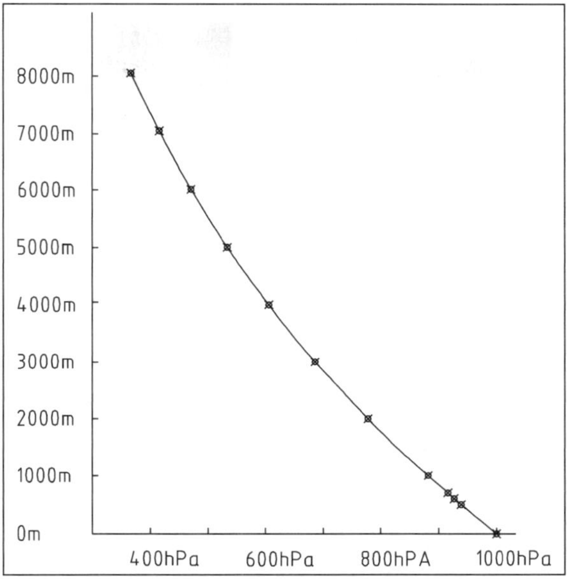

Abb. 10.2: Barometrische Höhenformel

Die Funktionsweise der barometrischen Höhenmesser zeigt Abbildung 10.3. Eine geschlossene Dose mit einer Metallmembran enthält eine unveränderliche Menge Luft. Je nach dem außen herrschenden Luftdruck kann sich diese Luft mehr oder weniger ausdehnen und dabei die Metallmembran verbiegen. Diese Biegung wird nun von einem sensiblen Getriebe, das hier nur schematisch angedeutet wird, auf einen Zeiger übertragen und führt damit zur Druckanzeige.

Es sind zwei Skalen vorhanden, die innere Skala zeigt direkt den Luftdruck in Hektopascal an. Die äußere Skala zeigt die Höhe über dem Meeresspiegel an, die diesem Luftdruck entspricht. Die äußere Skala kann gegenüber der inneren verdreht werden, um Luftdruckschwankungen Rechnung zu tragen. Das Übersetzungsgetriebe ist natürlich nicht so primitiv gestaltet, wie hier angezeigt. Es sind höchst präzise Räderwerke mit Lagerungen in Steinen. Auch gibt es Höhenmesser, die die Formänderung der Dose über Piezo-Elemente messen und elektronisch auswerten.

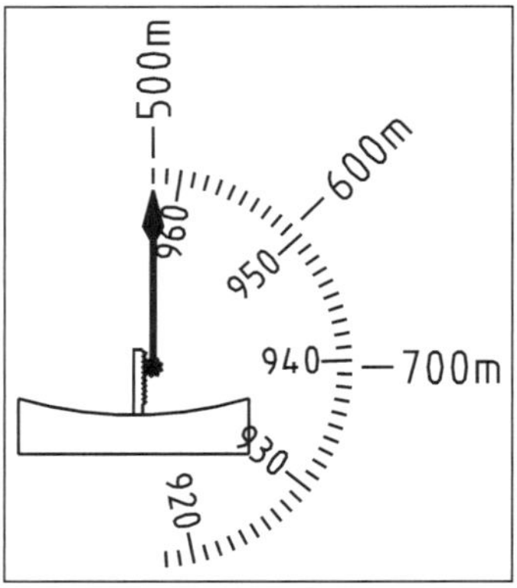

Abb. 10.3: Funktionsweise des Höhenmessers

Die vordere Abdeckung des Höhenmessers trägt oft noch einen Markierungsstrich (siehe Abbildung 10.1), der wie ein zweiter Zeiger aussieht. Diese Abdeckung können Sie einzeln verdrehen und damit den Markierungsstrich auf Ihre Starthöhe einstellen.

Höhenmesser unterwegs benutzen

Der Höhenmesser ist bei Bergwanderungen ein sehr wichtiges Orientierungsmittel, meist noch wichtiger als der Kompass. Bei Bergwanderungen in unseren Breiten geht man normalerweise auf markierten Wegen, die auch in den Wanderkarten entsprechend eingetragen und mit Nummern versehen sind. Das einzige Problem besteht dabei höchstens darin, herauszufinden, an welcher Stelle des Weges man sich befindet. Da typische Bergbesteigungen auch mehr oder weniger ansteigend – bzw. auf dem Rückweg absteigend – verlaufen, ist die Positionsbestimmung über die Höhe dann entlang des Weges schon eindeutig. Wenn es natürlich mehrfach auf und ab geht, trifft das nicht mehr zu. Meist kann man aber auch dann anhand der Geh- oder Steigzeit schon eine gute Abschätzung der groben Position treffen und mit dem Höhenmesser dann genauer messen.

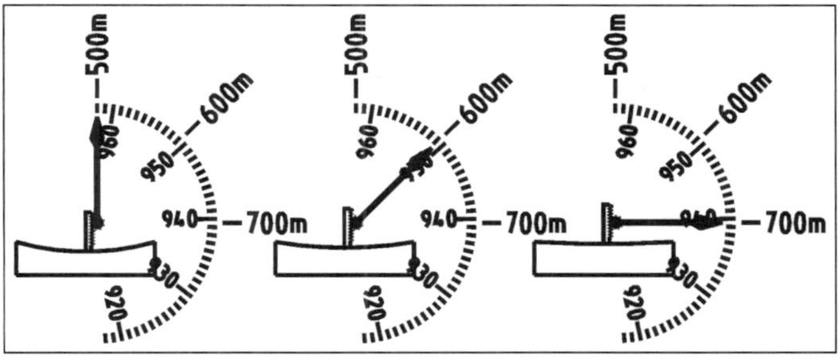

Abb. 10.4: Anzeige bei verschiedenen Höhen (= Luftdrucken)

Die Höhenbestimmung geschieht dann durch einfaches Ablesen. Nun muss natürlich noch berücksichtigt werden, dass der Luftdruck nicht nur von der Höhe, sondern auch von der Wetterlage abhängt. Im Allgemeinen reicht es aus, beim Beginn der Tour bei bekannter Höhe das Gerät zu eichen. Dabei wird der äußere Skalenring so gedreht, dass der Zeiger die korrekte Höhe anzeigt. Unter der Voraussetzung, dass während der Wanderung keine gravierenden Luftdruckveränderungen aufgrund der Wetterlage stattfinden, können Sie dann die jeweiligen Höhen direkt ablesen. Bei Schönwettertouren ist das jedenfalls kein Problem.

Bei markanten Punkten einer Wanderung sollten Sie immer wieder die Höhe prüfen, insbesondere bei instabiler Wetterlage. Sollte nun wirklich ein Wetterumschwung stattfinden, dann müssen Sie das Gerät wieder eichen.

TIPP

Ein barometrischer Höhenmesser bestimmt den lokalen Luftdruck. Ohne Information über die Wetterlage oder regelmäßige Eichung beim täglichen Tourenstart ist die Anzeige des Höhenmessers wenig aussagekräftig.

Der Effekt eines Tiefdruckgebiets, zum Beispiel Wettersturz, besteht darin, dass Sie auf der Messkurve (Abbildung 10.5) bei sinkendem Luftdruck eine höhere Höhe sehen (Ziffer 1). Statt 500 m (Ziffer 4) werden hier zum Beispiel 800 m (Ziffer 2) angezeigt. Das Beispiel ist maßlos übertrieben und wurde nur wegen der grafischen Darstellung so extrem gewählt. Schon ein Wettersturz, der eine Höhendifferenz von 50 m bewirkt, ist dramatisch und sollte zur Umkehr oder schnellstmöglichen Einkehr genutzt werden. Die falsche Höhenanzeige korrigieren Sie durch Verdrehen des äußeren Skalenrings. Das entspricht eben einer anderen Messkurve (Ziffer 3), die bei geringerem Luftdruck dann wieder die Höhe 500 ergibt.

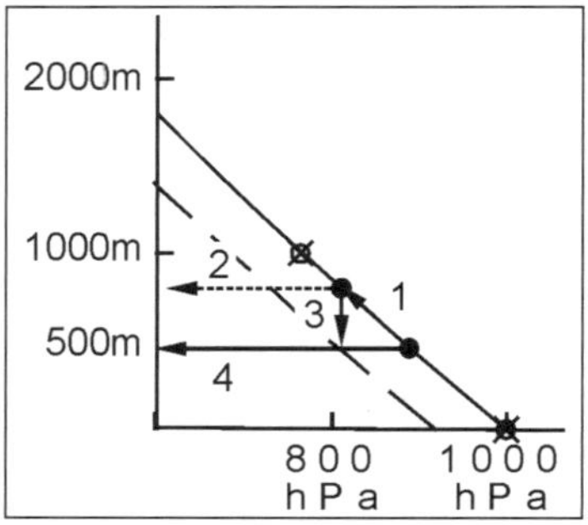

Abb. 10.5: Höhenanzeige bei Tiefdruck

Ein Problem bleibt natürlich: Wie bemerke ich auf einer langen Wanderung einen langsamen Wetterwechsel und mithin eine schleichende Verfälschung meiner Höhenanzeige? Hier hilft wieder nichts anderes als die ständige Beobachtung der Wetterlage und im Zweifel die Höhenüberprüfung mit Hilfe von Karte und markanten Punkten.

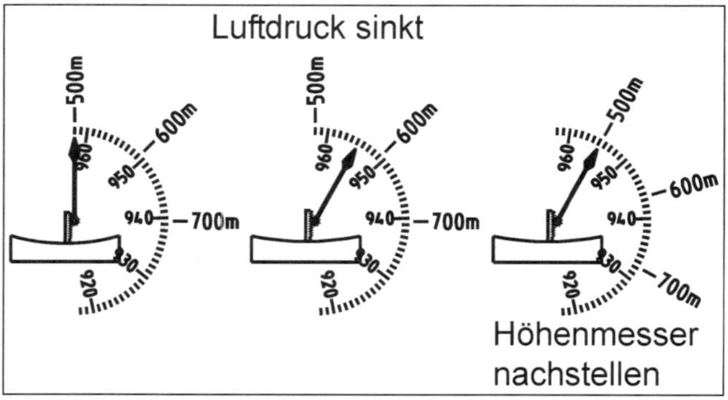

Abb. 10.6: Höhenmesser-Korrektur bei einem Tief

Eine wichtige Regel sollte man sich merken: Wenn die Höhe unerwartet zu hoch erscheint, dann sinkt der Luftdruck und es naht schlechtes Wetter. Das Nachstellen des Höhenmessers ist in Abbildung 10.6 nochmals demonstriert. Für dieselben Höhen von Abbildung 10.4 erhalten Sie dann die korrekten Höhenanzeigen auf der verdrehten Skala nach Abbildung 10.7.

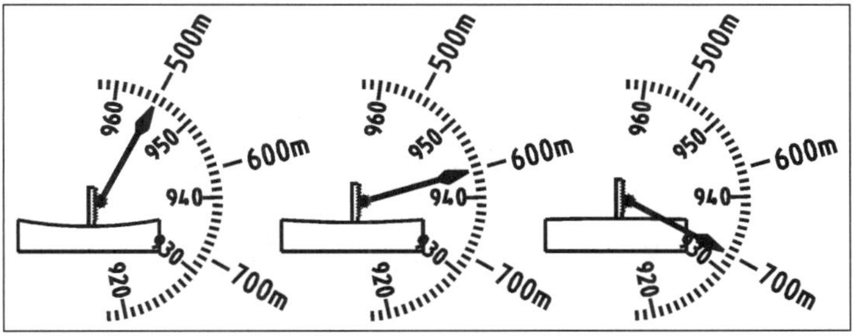

Abb. 10.7: Höhenmesser-Anzeige nach Verstellen

Wenn Sie unerwartet merken, dass eine Höhe als zu niedrig angezeigt wird, dann nimmt der Luftdruck zu, Sie erleben ein Hochdruckgebiet und das Wetter wird schöner. Die Tour kann weitergehen, nachdem Sie Ihren Höhenmesser angepasst haben.

TIPP

Wenn Sie nach der Höhenmesseranzeige bei gleicher Höhe zu »sinken« scheinen, dann ist ein meteorologisches Hoch im Anmarsch. Scheint Ihre Position aber in die Höhe zu steigen, dann naht ein Tief und es droht eine Wetterverschlechterung.

Höhenmesser als Barometer zur Wettervorhersage

Wenn man bei bekanntem Luftdruck den Höhenmesser zur Höhenbestimmung verwendet, kann man ihn auch umgekehrt bei bekannter Höhe zur Luftdruckmessung verwenden. Damit haben Sie auch die Möglichkeit zur Wetterüberwachung an Punkten, von denen Sie die Höhen kennen.

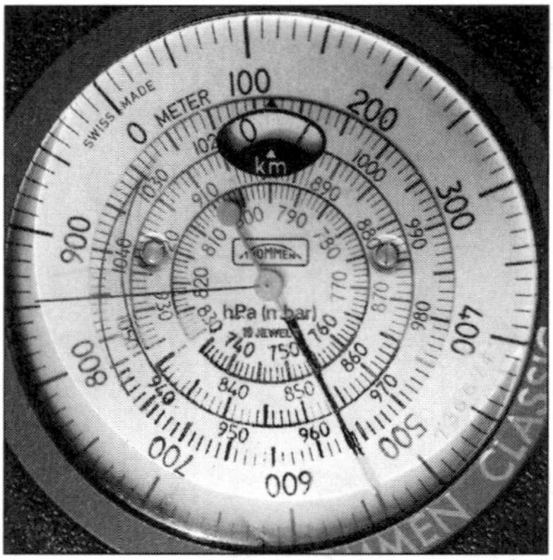

Abb. 10.8: Skalensystem des Höhenmessers THOMMEN CLASSIC (6000 m)

Den absoluten Barometerstand können Sie direkt ablesen. Dazu müssen Sie zuerst auf der kleinen Zählscheibe die Farbe des Höhenbereichs feststellen, zum Beispiel Rot für 0 m bis 1000 m. Nun lesen Sie von den drei inneren Barometerskalen diejenige ab, die ebenfalls rot ist. Dies wäre hier die äußere Skala mit dem Wert 963 hPa (Abbildung 10.8). Dies ist der Barometerstand für die aktuelle Höhe.

Abb. 10.9: Barometerstand 1027 hPa für 0 m (aktuelle Höhe 540 m)

Den Barometerstand für 0 m, den so genannten reduzierten Barometerstand, lesen Sie ab, nachdem Sie unter dem Zeiger Ihre aktuelle Höhe eingestellt haben. Im Beispiel unten wurde als aktuelle Höhe 540 m eingestellt. Bei 0 m der Höhenskala können Sie nun den gesuchten Barometerstand stets auf der roten Skala ablesen. Um die Zahl ablesen zu können, sollten Sie am besten das Schutzglas mit der roten Strichmarke auf 0 m stellen. Sie finden dann den Luftdruck von 1027 hPa bei 0 m. Der normale Luftdruck bei 0 m beträgt 1013,25 hPa. Aus der Differenz dieses Wertes mit dem ermittelten können Sie die Wetterlage beurteilen. Hier haben wir also einen höheren Luftdruck gefunden, denn die Differenz beträgt 1027-1013 = 14 hPa. Bei einem negativen Ergebnis würde ein Tief vorliegen. Der Wert für den normalen Luftdruck ist auch oberhalb der Aussparung für die Zählscheibe mit einem kleinen Dreieck markiert. Dort können Sie ablesen, dass dieser Luftdruck einer Höhendifferenz von etwa 120 m entspricht. Folglich würde die Messung bei nicht korrekt eingestelltem Höhenmesser also 120 m zu wenig anzeigen bei diesem Hochdruckwetter!

Des Weiteren können Sie auch den *normalen* Barometerstand für Ihre aktuelle Höhe ablesen. Dazu stellen Sie die Nullmarke der Höhenskala auf das kleine rote Dreieck oberhalb der Aussparung für die Zählscheibe. Den gesuchten normalen Luftdruck lesen Sie nun auf verschiedenen Skalen ab, und zwar

⇨ rote Skala von 0 m bis 650 m,

⇨ gelbe Skala von 650 m bis 1640 m,

⇨ blaue Skala von 1640 m bis 6000 m.

Auf der roten Skala lesen Sie also über den Zeiger nun 963 hPa ab.

Auch hier können Sie natürlich die Differenz zwischen der echten Höhe und der aktuellen Anzeige bilden und stellen fest, dass Sie mit 420 m um 120 m tiefer liegen. Das bedeutet, dass ein meteorologisches Hoch ansteht.

Der normale lokale Luftdruck für die aktuelle Höhe 540 m kann bei der 540-m-Marke abgelesen werden. Drehen Sie dazu die rote Zeigermarke mit dem Sicherheitsglas auf 540 m. Sie lesen ab: 949 hPa. Also ist der aktuelle Luftdruck mit 963-949 um 14 hPa höher als normal.

Abb. 10.10: Barometerstand 963 hPa für die aktuelle Höhe (540 m)

11 Die Modelle eTrex VISTA HCx und GPSmap 60CSx

Ziel des Kapitels

- Es werden die Bedienelemente der Modelle *eTrex VISTA HCx* und *GPSmap 60CSx* mit Kompass, Höhenmesser und Kartenspeicher vorgestellt.

Schritte zum Erfolg

- Die Bedienelemente von *eTrex VISTA HCx* und *GPSmap 60CSx* werden erläutert.
- Die ziemlich ähnlichen Hauptmenüs werden vorgestellt.
- Die Systemeinstellungen werden beschrieben.
- Die Möglichkeiten zum Einstellen des Höhenmessers und des Kompasses werden gezeigt.

Bedienung von eTrex VISTA HCx und GPSmap 60CSx

Das *eTrex VISTA HCx* ist das Top-Gerät der *etrex*-Familie von *Garmin*. Das *GPSmap 60CSx* stellt ein Top-Modell der *Garmin*-Outdoor-Geräte dar. Beide verfügen über einen elektronischen Kompass und einen barometrischen Höhenmesser. Beide Geräte haben eine sehr ähnliche Menüführung und können deshalb von der Bedienoberfläche her hier gemeinsam beschrieben werden. Viele Bedienfunktionen ähneln sehr dem *Geko 201*, aber die Bedienoberfläche ist durch Farbdisplay und größere Anzeige natürlich vornehmer geworden. Auch besitzen beide Geräte mehr Bedienknöpfe, die ein bequemeres Arbeiten erlauben. Es werden hier vornehmlich solche Funktionen vorgestellt, die bei *eTrex VISTA HCx* und *GPSmap 60CSx* dann neu sind.

Bedienelemente beim eTrex VISTA HCx

Die Bedienknöpfe liegen nun nicht nur auf der Oberfläche, sondern auch auf den Seitenflächen des Geräts.

- ⇨ *EIN/AUS + Beleuchtung*: Auf der rechten Seite liegt unten der Knopf zum Ein- und Ausschalten. Das geschieht immer mit einem langen Knopfdruck. Mit einem kurzen Knopfdruck können Sie die Beleuchtung in drei Stufen steuern: *Aus, wenig, voll*.
- ⇨ *BEENDEN/SEITE*: Der Knopf darüber entspricht dem *Seitenwechsel* beim Geko, hier heißt der Knopf `BEENDEN/SEITE`. Mit einem kurzen Druck bewerkstelligen Sie den Seitenwechsel bzw. das *Beenden* eines Dialogfensters, mit einem langen Druck schalten Sie den *elektronischen Kompass* ein und aus.
- ⇨ *IN/OUT*: Auf der linken Seite liegen oben die Knöpfe für das Zoomen *IN/OUT* (bzw. Vergrößern/Verkleinern) oder auch für das Auf- und Ablaufen in Listen.
- ⇨ *MENÜ/FINDE*: Darunter liegt der Knopf zum Öffnen der Seitenoptionen – deshalb der Titel `MENÜ` – oder zum Suchen – deshalb `FINDE` –, wenn Sie ihn lange drücken.

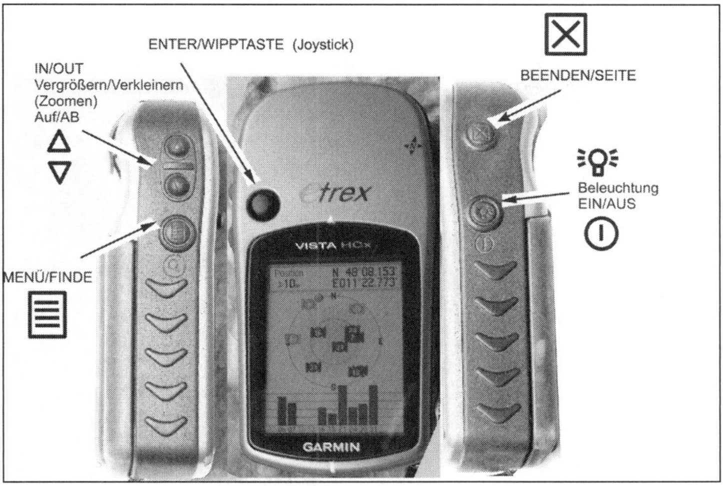

Abb. 11.1: Bedienelemente des *eTrex VISTA HCx*

⇨ *ENTER/WIPPTASTE*: Auf der Frontseite liegt oben ein kleiner Joystick, auch als *WIPPTASTE* bezeichnet. Sie können ihn wie einen normalen Computer-Joystick benutzen, um in Auswahlen oder auf der Kartenseite nach links, rechts, oben oder unten zu gehen. Mit einem kurzen Druck auf diese Taste bestätigen Sie eine Auswahl wie mit *ENTER* auf der PC-Tastatur. Mit einem langen Druck darauf können Sie einen *Wegpunkt* setzen.

Bedienelemente beim GPSmap CSx

Die Bedienknöpfe liegen nun abgesehen vom *EIN/AUS*-Knopf am unteren Ende des Geräts.

⇨ *EIN/AUS + Beleuchtung*: Auf der oberen Seite liegt der Knopf zum Ein- und Ausschalten mit einem *langen* Knopfdruck. Mit einem kurzen Knopfdruck können Sie die Beleuchtung in drei Stufen steuern: *Aus, wenig, voll.*

⇨ *IN/OUT*: Auf der linken Seite liegen oben die Knöpfe für das Zoomen *IN/OUT* (d.h. *Vergrößern* und *Verkleinern*) oder auch für das Abwärts- und Aufwärtslaufen in Listen.

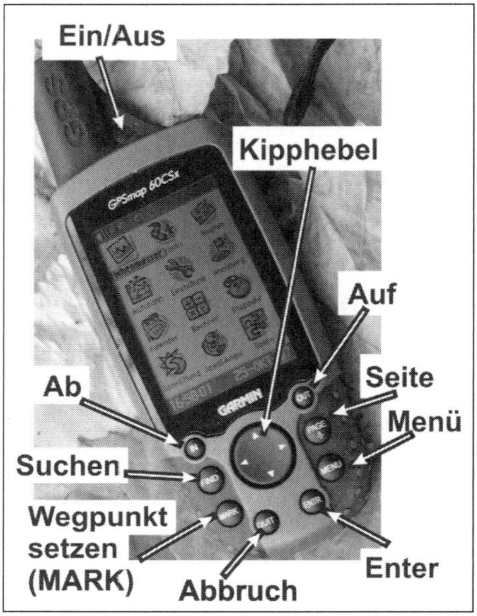

Abb. 11.2: Bedienelemente des *GPSmap 60CSx*

⇨ *FIND (Finde)*: Links darunter liegt der Knopf zum *Suchen* – beschriftet FIND. Wenn man diesen Knopf lange drückt, erreicht man die *MOB*-Funktion (Man Over Board). Damit wird die aktuelle Position als Wegpunkt gespeichert und die Navigation dorthin gestartet.

⇨ *PAGE (Seite)*: Der Knopf rechts gegenüber bewirkt mit einem kurzen Druck den Seitenwechsel. Mit einem langen Druck können Sie den *Kompass* ein- und ausschalten.

⇨ *MARK (Wegpunkt)*: Auf der linken Seite liegt wieder der Knopf zum Setzen von *Wegpunkten*.

⇨ *MENU (Menü)*: Rechts gegenüber liegt der Knopf zum Öffnen der *Seitenoptionen* – deshalb der englische Titel MENU. Ein doppelter Druck blättert zum *Hauptmenü* bzw. zur Menüseite.

⇨ *WIPPTASTE*: In der Mitte all dieser Tasten liegt die Wipptaste. Sie können sie wie einen normalen Computer-Joystick benutzen, um in Auswahlen nach links, rechts, oben oder unten zu gehen. Auf der Kartenseite bewegen Sie damit den weißen Zeigerpfeil.

- ⇨ *QUIT (Beenden)*: Auf der linken Seite unten liegt eine Taste, mit der Sie Eingaben abbrechen oder Seiten wieder verlassen können.
- ⇨ *ENTER*: Rechts unten liegt gegenüber die Taste, mit der Sie Eingaben oder Menü-Auswahlen akzeptieren oder auch Meldungen quittieren.

Einschalten

Nach dem Einschalten müssen die Geräte erst einmal nach den Satelliten suchen. Beim ersten Einschalten kann diese Suche einige Minuten dauern. Sie können diese Suche beschleunigen, indem Sie unter den Optionen der *Satellitenseite* `Neue Position` wählen. Die Option finden Sie, wenn Sie die oben vorgestellte Taste `MENU/FIND` kurz drücken.

Abb. 11.3: Satellitensuche: Satellitenseite und zugehörige Optionen

Mindestens drei Satelliten sind für die Positionsbestimmung nötig. Die Navigation ist dann zunächst zweidimensional möglich. Wenn mehr Satelliten zur Verfügung stehen, kann auch die Höhe über Satelliten berechnet werden, wodurch eine 3D-Positionsbestimmung ermöglicht wird.

Statusanzeige

Beim *GPSmap 60CSx* wird die Statusanzeige stets oben in den Menüseiten angezeigt. Beim *eTrex VISTA HCx* führt ein kurzer Druck auf die *EIN/AUS*-Taste zur Anzeige der Statusinformation. Die zugehörigen Logos werden in Abbildung 11.4 gezeigt. Die Helligkeit kann mit der *WIPPTASTE* oder der *EIN/AUS*-Taste geregelt werden.

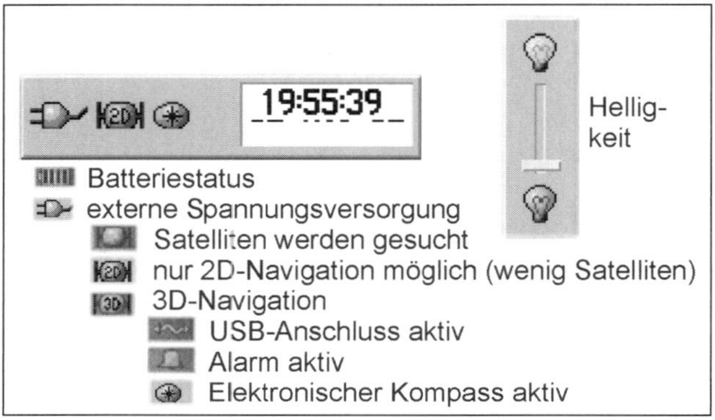

Abb. 11.4: Statusanzeige über *EIN/AUS*-Taste

Weitere Meldungen erscheinen automatisch, wenn die Batterie schwach ist oder die Satellitenverbindung etwa durch Abschattung in einer Schlucht oder im dichten Wald verloren gegangen ist.

Die Hauptseiten

Von der Satellitenseite aus erreichen Sie alle anderen Seiten mit einem kurzen Druck auf die Taste *BEENDEN/SEITE*. Die Satellitenseite wird hier allerdings nur während der Satellitensuche als Hauptseite angezeigt. Danach ist sie nur noch über das Hauptmenü zu erreichen.

Die Menüs sind natürlich durch die Farbgestaltung und die gute Auflösung des Bildschirms viel detaillierter als beim *Geko*. Neu ist das Menü für den Höhenmesser, auf dem die Höhe bzw. der Luftdruck angezeigt wird. Sehr umfangreich ist auch das Hauptmenü.

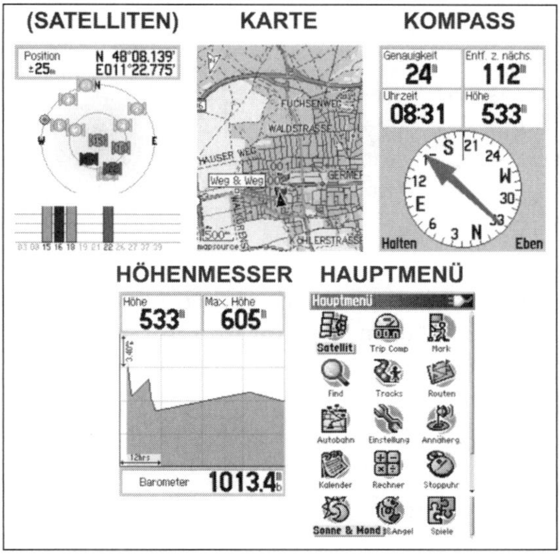

Abb. 11.5: Die Hauptseiten beim *eTrex VISTA HCx*

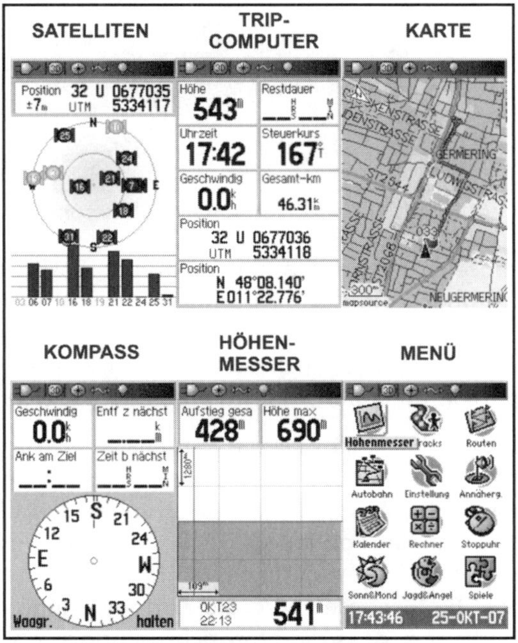

Abb. 11.6: Die Hauptseiten beim *GPSmap 60CSx*

TIPP

Auf den Optionsseiten werden immer *die Optionen* angezeigt, *auf die umgeschaltet* werden kann. Die Optionen, die gerade aktiv sind, erfahren Sie erst, nachdem Sie umgeschaltet haben! Aus diesem Grund wird für wichtige Optionen hier auf verschiedene Möglichkeiten hingewiesen.

Die *Satellitenseite* zeigt die gefundenen Satelliten mit verschiedenen Farben und mit ihren Nummern an. Ab drei Satelliten ist eine Ortsbestimmung möglich, ab vier Satelliten kann die Höhe über Satelliten bestimmt werden.

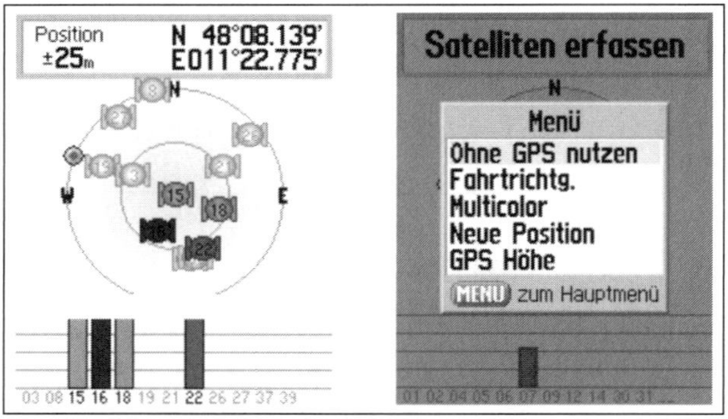

Abb. 11.7: Satellitenseite mit Optionen

Auf der *Kartenseite* sehen Sie Ihre aktuelle Position und einen schwarzen Richtungspfeil, der Ihre Bewegungsrichtung symbolisiert. Wenn ein Navigationsziel angegeben ist, wie in Abbildung 11.8 der Wegpunkt 001, dann wird auch eine Routenlinie in Violett angezeigt. Mit gepunkteten Linien wird Ihr Track aufgezeichnet.

Eine wichtige Einstellung ist hier die Kartenausrichtung. Dazu aktivieren Sie mit der Taste *MENU* die Optionen, dort gehen Sie mit der *WIPPTASTE* auf Karte einrichten und erhalten das Einrichtemenü für Karte, das auch in Abbildung 11.33 gezeigt wird. In diesem Menü können Sie bei Ausrichtung zwischen Genordet und Fahrtrichtg. wählen. Bei Genordet wird die Karte wie eine Karte auf Papier immer so gezeigt, dass die Nordrichtung nach oben zeigt, egal in welche Richtung Sie das Gerät halten. Bei `Fahrtrichtg.` bestimmt Ihre Bewegungsrichtung, was im GPS-Gerät oben ist.

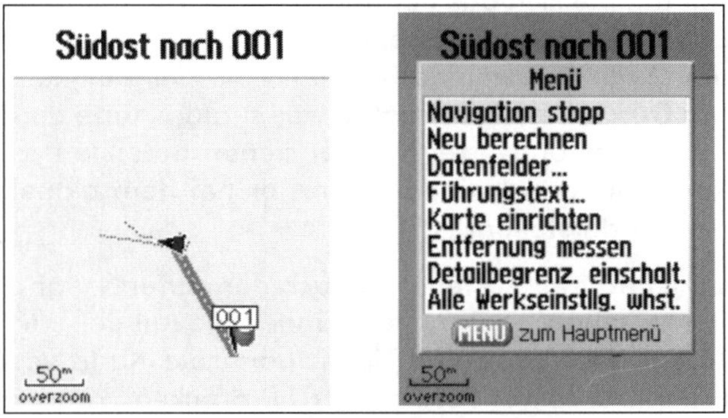

Abb. 11.8: Kartenseite mit Optionen

Wenn Sie eine Kartensoftware installiert haben, wird eine detailliertere Darstellung angezeigt. Es werden dann auch Kartenobjekte wie Straßennamen, Apotheken, Gasthäuser oder Hotels angezeigt. Gezoomt wird die Kartendarstellung mit den Tasten *IN/OUT*. Der Maßstab wird über einen Maßstabsbalken in der Ecke links unten angezeigt.

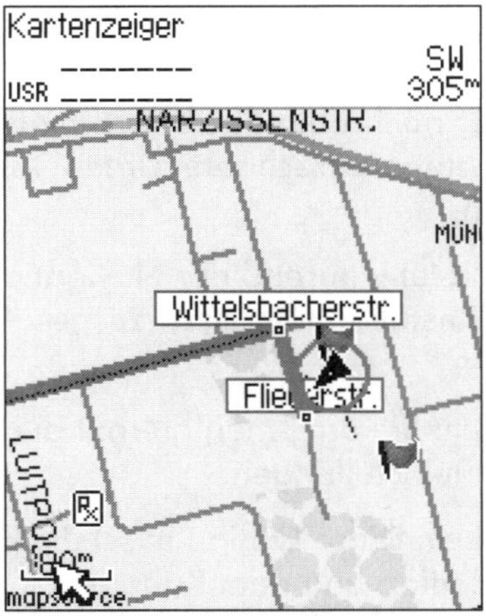

Abb. 11.9: Detaillierte Karte mit Kartensoftware
TOPO DEUTSCHLAND SÜD **(©Garmin GmbH)**

In dem Beispiel in Abbildung 11.9 sehen Sie meine aktuelle Bewegungsrichtung durch das schwarze Dreieck dargestellt. Ich laufe da auf der Terrasse hin und her. Ein Kreis darum gibt die Positionsgenauigkeit an, die sich aus der aktuellen GPS-Situation ergibt. Offenbar habe ich in diesem Beispiel das GPS gerade erst eingeschaltet, so dass durch nur wenige Satelliten die Genauigkeit auch nur ca. 80 m im Durchmesser beträgt. Etwas später wurde die Genauigkeit immer größer und erreichte bei sieben Satelliten ±6 m. Der Genauigkeitskreis verschwindet, wenn er bei dem aktuellen Maßstab nicht mehr darstellbar ist.

Links unten ist auf der Kartenseite auch der *Kartencursor* als kleiner weißer Pfeil zu sehen. Diesen Pfeil können Sie mit der *WIPPTASTE* in alle Richtungen bewegen und damit dann die Karte verschieben. Wenn Sie dann an einer Position *ENTER* drücken, können Sie dort einen Wegpunkt anlegen. Das ist insbesondere zusammen mit der Kartensoftware eine elegante Methode, unterwegs neue Wegpunkte festzulegen.

Unter den Optionen der Kartenseite sollen noch einige hervorgehoben werden:

- `Datenfelder`: Hiermit können Sie zusätzlich zur Karte noch bis zu vier Datenfelder für *Geschwindigkeit*, *Richtung*, *Höhe* und *Uhrzeit* anzeigen lassen. Wenn `Datenfelder` aktiviert sind, erhalten Sie auch die Option `Datenfelder anpassen`.
- `Datenfelder anpassen`: Diese Option lässt Sie die bis zu vier angezeigten Felder noch abändern. Verschiedenste durch den internen Tripcomputer berechnete Daten lassen sich dann zur Anzeige bringen.
- `Führungstext`: Bietet während der Navigation Abbiegeanzeigen an. Es gibt die Einstellungen `Immer zeigen`, `Nie zeigen`, `Bei Navigation zeigen`.
- `Karte einrichten`: Sie erreichen hiermit die in Abbildung 11.33 gezeigten Karteneinstellungen.
- `Entfernung messen`: Diese Option misst die Entfernung zwischen der aktuellen Position und dem Kartencursor, dem weißen Pfeil, den Sie mit der *WIPPTASTE* bewegen können.

⇨ `Detailbegrenzung abschalten`: Blendet Objekte aus, die in größeren Maßstäben die Wege verdecken würden.

Abb. 11.10: Aktive Route mit Optionen

Die Seite *Aktive Route* wird nach der Kartenseite nur angezeigt, wenn Sie über das Hauptmenü eine Route zur Navigation aufgerufen haben. Dann werden die nächsten Wegpunkte angezeigt, der Abstand zum nächsten Wegpunkt sowie die Zeit bis dorthin. Über die Optionen können Sie eine Route auch umkehren, um zurückzunavigieren.

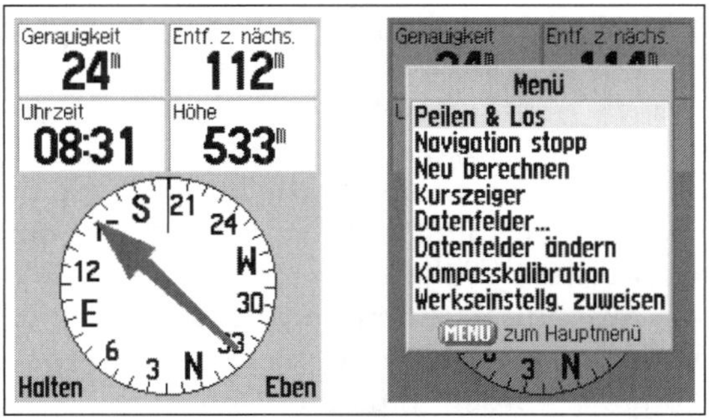

Abb. 11.11: Kompassseite mit Optionen

Auf der *Kompassseite* wird die Kompassrichtung angezeigt. Der Magnetkompass wird mit einem langen Druck auf die Taste *SEITE* ein- oder ausgeschaltet. Damit der Kompass richtig funktioniert, muss das Gerät waagerecht gehalten werden. Ist dies nicht der Fall, werden Sie mit der Aufforderung Waagerecht Halten darauf hingewiesen.

Unter den Optionen sind einige interessante Einstellungen möglich:

- Peilen & Los: Hiermit peilen Sie einen Punkt in der Landschaft an und wählen diesen dann als Ziel für die direkte geradlinige Navigation.
- Kurszeiger/Peilungszeiger: Sie wählen hier zwischen der Anzeige der aktuellen Kursrichtung und der aktuellen Peilung. Bei der Routennavigation bedeutet Peilung die Richtung zum nächsten Routenpunkt. Die Kursrichtung bedeutet dagegen die Richtung, die das aktuelle Wegsegment zur Nordrichtung bildet (siehe Abbildung 11.10). Wenn man sich nicht auf der Route selbst befindet, ist im Zusammenhang mit der Kursrichtung dann die Kursabweichung wichtig, das ist der seitliche Abstand zur Kursrichtung. In Abbildung 11.10 wurde ein extremes Beispiel gewählt, um die Begriffe klarzumachen:
  - Die aktuelle Route ist hier sehr weit entfernt. Der Routenstart liegt 57,4 km entfernt unter 182° von der aktuellen Position aus gesehen. Das sind die Daten der *Peilung*.
  - Die *Kursinformation* gibt an, welchen *Winkel* das *aktuelle* Routensegment – hier also das erste Segment vom Startpunkt zum zweiten Wegpunkt der Route – zur Nordrichtung bildet. Die *Kursabweichung* gibt an, wie weit man von dieser Kurslinie lotrecht noch entfernt ist, das heißt, wie weit man neben der eigentlichen Route geht. In diesem Fall muss man für die geometrische Bestimmung das erste Routensegment entsprechend verlängern, um das Lot für die Kursabweichung fällen zu können. Das *GPS-Gerät* zeigt diesen Wert als Kursabweichung direkt an: 28,9 km. Die Kursinformation ist dann interessant, wenn Hindernisse umgangen werden müssen. Durch die Kursabweichung weiß man stets, um welche Entfernung man sich *seitlich* bewegen muss, um auf den Originalweg zu kommen.

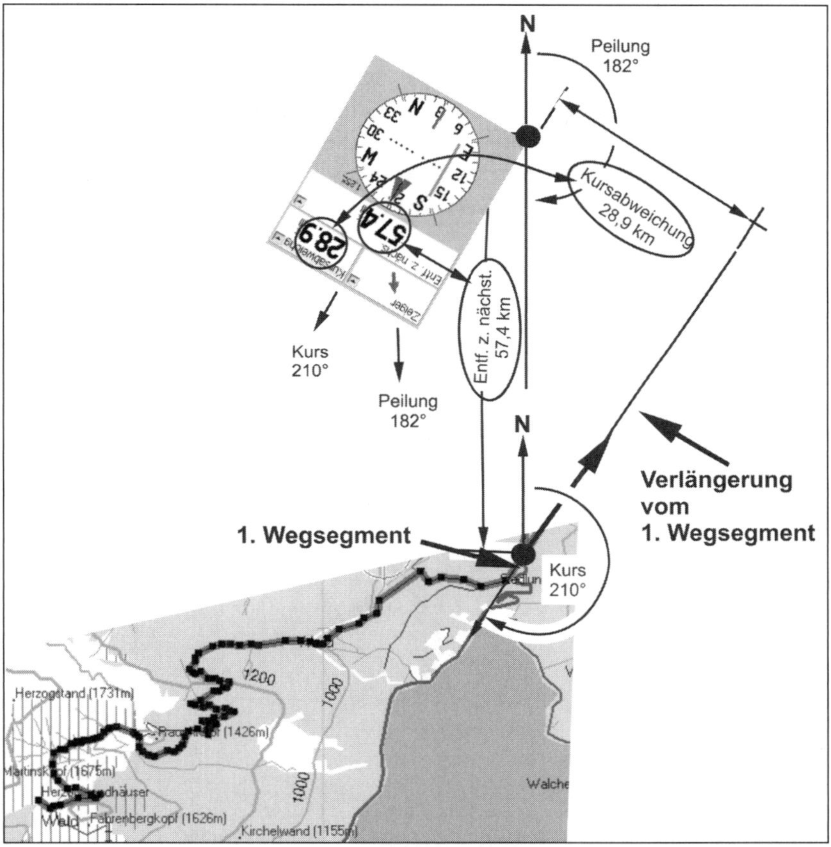

Abb. 11.12: Peilung und Kurs mit Kursabweichung (©Garmin GmbH)

Bei Verwenden der *Peilungsrichtung* gehen Sie also *auf* den nächsten Routenpunkt direkt zu, während Sie über die *Kursrichtung parallel* zur Route gehen würden. Abbildung 11.13 zeigt diese Verhältnisse noch einmal deutlich. Es ist nützlich, sich für diese Navigationsformen die Felder auf der Kompassseite so einzustellen, dass Sie den Zeiger für die Peilungsrichtung aktivieren und die Entfernung zum nächsten Wegpunkt als Peilungsanzeige. Gehen Sie dazu in die Optionen der Kompassseite und wählen Sie `Datenfelder` bzw. `Datenfelder ändern`. Für die Anzeige der Kursrichtung können Sie den Kompass auf `Kurszeiger` stellen und ein Datenfeld auf

Kursabweichung. Dann können Sie gut beide Navigationsarten vergleichen. In der Praxis wird das meist bedeuten, dass Sie die Option Peilung verwenden, wenn Sie weit von der Route entfernt sind, und mit der Methode Kursrichtung arbeiten, sobald Sie nahe an der Route dran sind. Zieht man nämlich die Fehler der Positionsmessung in Betracht, dann macht es keinen Sinn, immer direkt auf die Routenpunkte loszugehen, wenn man sich sowieso in der Nähe der Route befindet.

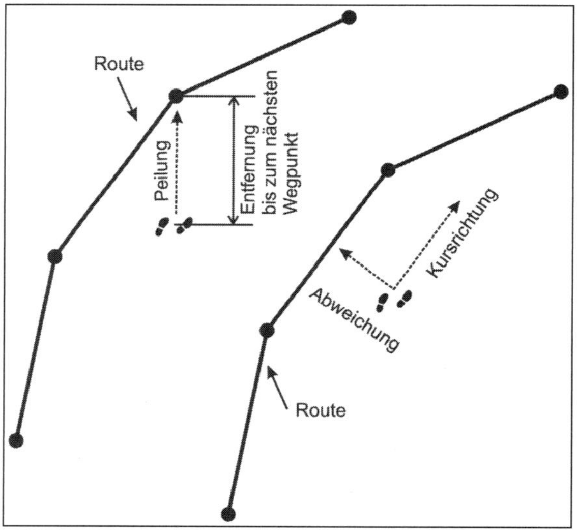

Abb. 11.13: Navigation nach Peilung und Kurs

- Datenfelder: Sie können drei oder vier Datenfelder als zusätzliche Anzeige wählen.
- Datenfelder ändern: Damit können Sie den Inhalt für die Datenfelder auf der Kompassseite wählen. Interessant ist die Einstellung von Abbildung 11.13. Dort wurde fürs erste Feld Zeiger gewählt, was dort den *Zeiger der Peilung* anzeigt. Dann wurde fürs zweite Feld Kursabweichung ausgewählt und fürs dritte Feld Entfernung z. nächs., was die *Entfernung zum nächsten Wegpunkt* bedeutet. Damit haben Sie alle Daten zum Vergleich für die Anzeige der Peilung und des Kurses zusammen.

⇨ *Kompasskalibration*: Der eingebaute Kompass reagiert auf die Magnetlinien des Erdmagnetfeldes, arbeitet aber elektronisch. Zur genauen Kalibrierung müssen Sie bei dieser Option das GPS-Gerät genau waagerecht halten und langsam zweimal in der Ebene um 360° drehen. Wenn Sie zu schnell drehen, bekommen Sie eine Warnung. Nach erfolgreicher Kalibrierung erscheint eine entsprechende Erfolgsmeldung. Der elektronische Kompass wird bei normalen Gehgeschwindigkeiten verwendet. Bei höheren Geschwindigkeiten zum Beispiel im Auto wird das GPS-Signal zur Bestimmung der Himmelsrichtung verwendet.

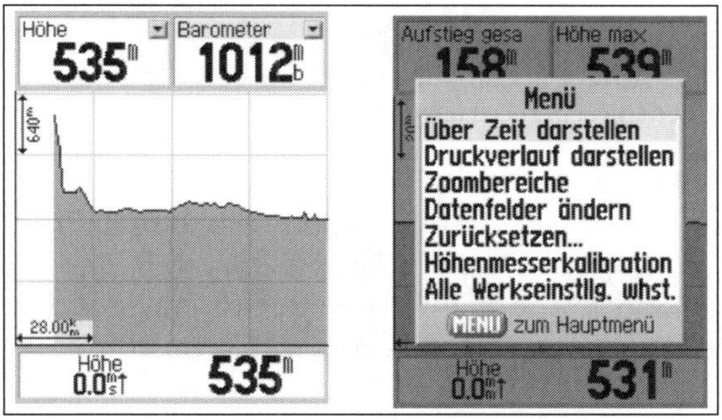

Abb. 11.14: Höhenmesserseite mit Optionen

Die Höhenmesserseite birgt drei Anzeigeoptionen: *Höhe, reduzierter Luftdruck* (Luftdruck umgerechnet auf Höhe 0 m) oder *Umgebungsdruck* (Luftdruck bei aktueller Höhe). Die Höhe kann über der *Zeit* oder über der *Strecke* angezeigt werden. Der Druck wird immer über der Zeit angezeigt. Mit den Optionen sind also folgende Kombinationen möglich:

⇨ `Höhenprofil anzeigen` & `Über Strecke darstellen`: Diese Anzeige gibt direkt die Steilheit Ihrer Bergtour wieder.

⇨ `Höhenplot anzeigen` & `Über Zeit darstellen`: Hieran sehen Sie, wie viel Zeit Sie in welcher Höhe verbracht haben.

⇨ `Druckverlauf darstellen` & `Reduzierter Druck darstellen`: Diese Kombination ist die Vorgabe, wenn Sie von Höhe auf Druck umschalten. Sie können mit dieser Option, bei der der Luftdruck auf Meeresspiegelhöhe reduziert ist, gut die Wetterentwicklung beurteilen.

⇨ `Druckplot anzeigen` & `Umgebungsdruck darstellen`: Damit sehen Sie, welchem absoluten Luftdruck Sie ausgesetzt waren.

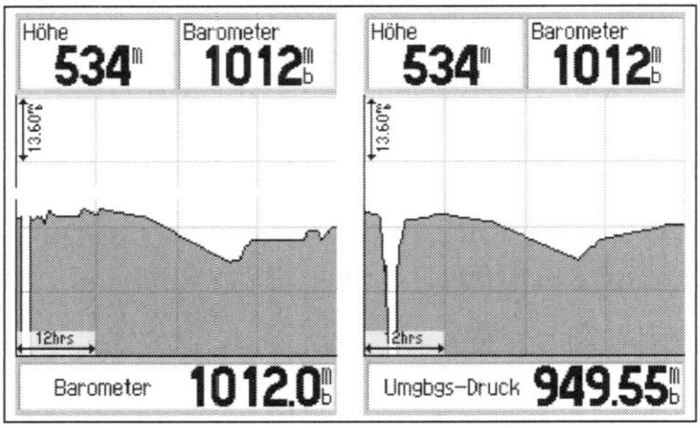

Abb. 11.15: Höhenmesser-Anzeige als reduzierter Luftdruck und Umgebungsdruck

Sie können die Anzeigebereiche für Höhe und Druck auch zoomen. Ins Zoom kommen Sie hinein, indem Sie die *WIPPTASTE* einmal nach oben bewegen. Danach können Sie mit der *WIPPTASTE* in Richtung auf und ab oder links und rechts beide Achsen zoomen. Durch einen Druck auf *ENTER* kommen Sie aus diesem Modus wieder heraus.

Wenn Sie die *WIPPTASTE* nach rechts drücken, erscheint ein rotes Fadenkreuz. Dieses lässt sich dann nach links oder rechts über die ganze Messkurve bewegen und Sie erhalten unten rechts die Anzeige des betreffenden Messwerts. Wenn Sie bei einem bestimmten Messwert *ENTER* kurz drücken, wird auf der Kartenseite die zugehörige Position angezeigt (siehe Abbildung 11.13).

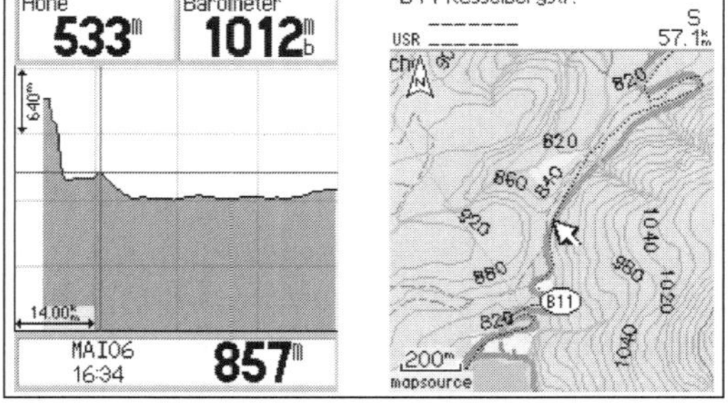

Abb. 11.16: Kesselberghöhe im Höhenplot und auf der Kartenseite

Auf der Seite *Sonne und Mond* können Sie die Zeiten für Sonnen- und Mondaufgang und -untergang sowie die Mondphasen ansehen und auch für verschiedene Tage durchspielen. Das Pfeilsymbol startet den Stundenlauf, das Doppelpfeilsymbol den Tageslauf und das rechte Symbol stoppt. Mit der *QUIT*-Taste können Sie alles wieder zurücksetzen.

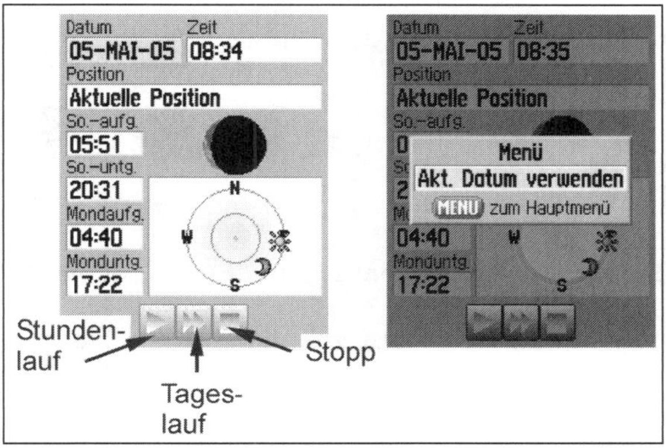

Abb. 11.17: Sonne-/Mondseite mit Optionen

Die Hauptmenüs

Die bisher vorgestellten Menüseiten bilden zusammen mit der Seite `Hauptmenü` die aktuell eingestellte Seitenfolge. Diese `Seitenfolge` können Sie Ihren Wünschen beliebig anpassen. Dazu wählen Sie im *Hauptmenü* `Einstellungen` und darunter `Seitenfolge`. In der `Seitenfolge` sollten Sie die wichtigsten Seiten haben, die Sie dann immer mit der Taste *SEITE* durchblättern können.

Die übrigen Seiten des *Hauptmenüs*, die nicht in der `Seitenfolge` enthalten sind, sollen nun in einer kurzen Übersicht in der Reihenfolge vorgestellt werden. Zwei Ausnahmen bilden die Seiten `Einstellung` und `Finde`, die nach diesem Abschnitt gesondert behandelt werden.

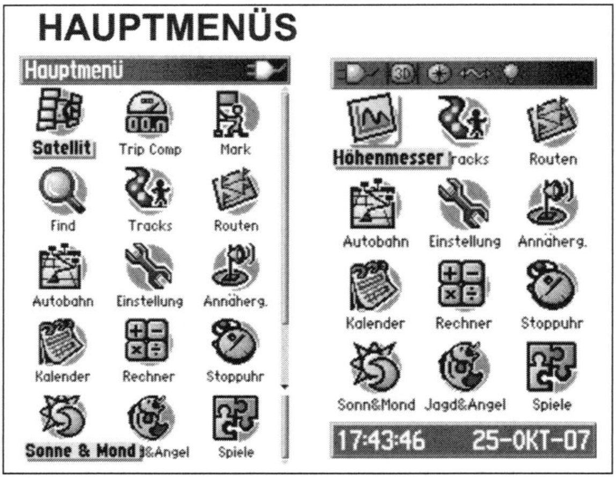

Abb. 11.18: Das Hauptmenüs, links eTrex, rechts GPSmap

Die einzelnen Seiten des Hauptmenüs wählen Sie mit der *WIPP-TASTE* und einem Druck auf *ENTER* aus. Viele der Funktionen im Hauptmenü ähneln denen, die schon für das *Geko 201* beschrieben wurden. Deshalb werden hier nur noch solche Optionen hervorgehoben, die neu sind.

Tripcomputer

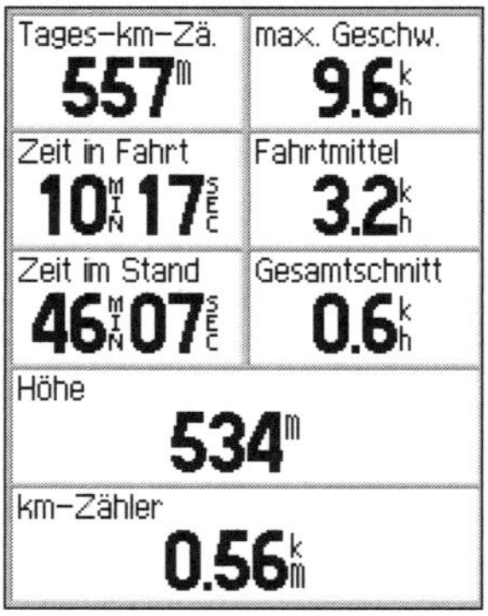

Abb. 11.19: Tripcomputer

Der *Tripcomputer* bietet eine Vielzahl von Daten, die Sie sich für Ihre Tour berechnen lassen können. Es sind größtenteils dieselben Daten, wie sie beim *Geko 201* auch berechnet werden. Sie können nach kurzem Druck auf *MENU* die Optionen dieser Seite auch wieder einstellen, insbesondere Werte mit `Zurücksetzen` auf null setzen oder mit `Datenfelder ändern` andere Werte anzeigen lassen.

Markieren

Diese Seite ist eine der wichtigsten Seiten für die Navigation. Sie erreichen sie am einfachsten nicht über das Hauptmenü, sondern über einen Druck auf *MARK* beim *GPSmap* oder einem langen Druck auf die *ENTER/WIPPTASTE* beim *eTrex*. Im Normalfall wird nun die aktuelle Position im gewählten Koordinatensystem als Wegpunkt angeboten. Sie können den Namen noch ändern, eine Notiz dazuschreiben oder Höhe und Koordinaten korrigieren.

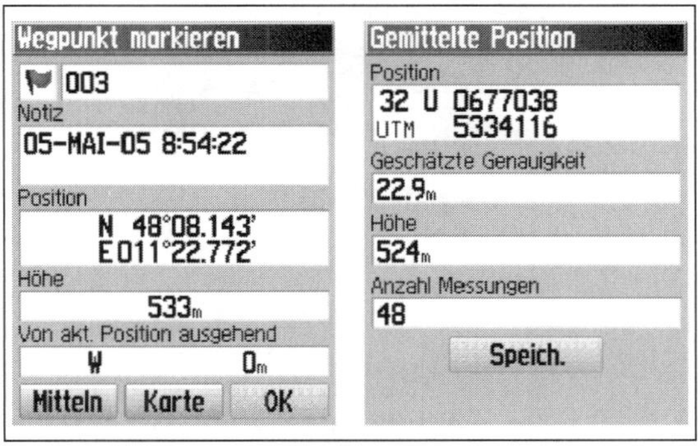

Abb. 11.20: Seite *Wegpunkt markieren*, Option *Mitteln*

Interessant ist hier die Option `Mitteln`, mit der Sie einen genaueren Wert für die Koordinaten erhalten können, wenn Sie am Ort etwas warten, bis mehrere Messungen gelaufen sind. Im Modus `Mitteln` wird Ihnen laufend die Anzahl der Messungen angezeigt. Wenn Sie beim Geocaching mitmachen und eigene Caches positionieren, sollten Sie die Verstecke möglichst genau ausmessen und deshalb mit dem Mitteln arbeiten. Die oben gezeigte Messung ist nicht typisch. Sie fand in einer Situation statt, wo nur vier Satelliten ziemlich im Zenit beteiligt waren. Andere Satelliten waren abgeschattet, weil die Messung zwischen zwei Häusern durchgeführt wurde. Typisch für eine Messung wäre eine Genauigkeit von einigen Metern.

Tracks

Erst einmal können Sie hier die Trackaufzeichnung ausschalten. Damit wird also nicht wie beim Geko beispielsweise dauernd aufgezeichnet, sondern nur, wenn hier die Aufzeichnung angeschaltet wurde.

Auch können Sie unter `Einstellung` hier nun wählen, ob bei zu vielen Positionen der Track überschrieben werden darf. Das Aufzeichnungsintervall kann auch unterschiedlich fein oder grob eingestellt werden, damit es der Tour angepasst ist. Auch reines Zeitintervall oder reines Wegintervall ist dort wählbar. Eine Farbe ist für den Track auch einstellbar.

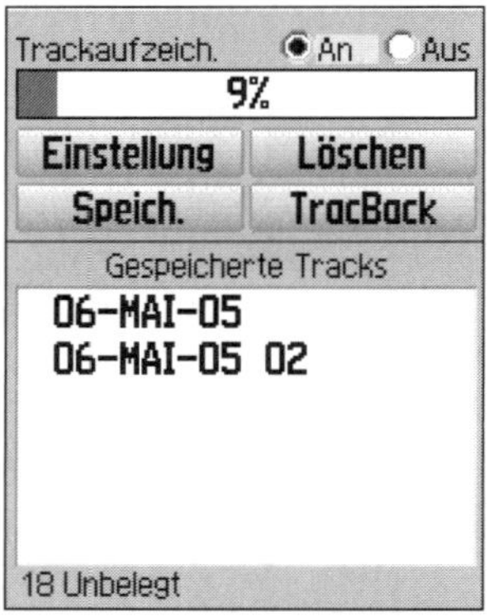

Abb. 11.21: Verwaltung der Trackaufzeichnungen

Die Schaltflächen `Löschen` und `Speich.` dienen zum Löschen oder Speichern der aktuellen Trackaufzeichnung.

Wenn Sie einen der gespeicherten Tracks mit der *ENTER/WIPPTASTE* auswählen, dann können Sie ihn löschen, einfach nur auf der Karte anzeigen lassen oder eben im `TracBack`-Modus zurückverfolgen. Für den `TracBack`-Modus werden Sie nach dem *Zielpunkt* gefragt, um die Richtung zu bestimmen. Zielpunkt ist der letzte Punkt, den Sie am Ende des Tracks erreichen wollen. Wenn eine Kartensoftware installiert ist, können Sie noch wählen, ob Sie einem Straßenverlauf folgen wollen oder direkt dem Track: `Folge Straße / Track folgen`. Aktivieren Sie dann hier auch die Option `Nie mehr fragen`.

Routen

Die Erstellung von Routen ist eins der wichtigsten Navigationshilfsmittel. Im Prinzip wird auch hier wie im *Geko 201* eine Route entweder aus Wegpunkten zusammengestellt oder als vorbereitete Wanderung aus einer Kartensoftware vom PC übertragen. Wenn wie in Abbildung 11.22 die Schaltfläche `Aktiv` markiert ist, befinden Sie sich noch in einer aktuellen Routennavigation.

Abb. 11.22: Verwaltung der Routen

Wenn Sie eine der gespeicherten Routen anklicken, gibt es zwei Optionen: `Nav-Start` und `Karte`. Sie können also die Navigation nach dieser Route starten oder sie einfach nur auf der Kartenseite ansehen.

Wählen Sie `Neu`, wenn Sie eine Route erstellen wollen. Sie können dann als Nächstes einen längeren Namen buchstabenweise eingeben oder Sie verzichten auf diese mühsame Klickerei und lassen den Namen automatisch aus dem ersten Wegpunktnamen erstellen. Wählen Sie also gleich die Zeile `<Nä. Punkt wählen>` mit der *ENTER*-Taste an.

Wundern Sie sich nicht, wenn Sie sich jetzt auf der Seite `Finde` wiederfinden. Dort wird `Wegpunkte` markiert sein, und das bestätigen Sie mit der *ENTER*-Taste. Nun wird auch dort wieder die Möglichkeit zum mühsamen Zusammenklicken eines Wegpunktnamens gegeben. Verzichten Sie aber auch hier möglichst darauf und quittieren

Sie das mit der Taste *QUIT* bzw. *BEENDEN*. Danach können Sie sich einen Wegpunkt bequem mit der *WIPPTASTE* aus der Liste vorhandener Wegpunkte auswählen und mit *ENTER* bestätigen. Nun wird der Wegpunkt mit seinen Daten noch angezeigt. Die Option `Karte` bietet die Möglichkeit, den Wegpunkt noch mal auf der Kartenseite anzusehen und dann mit *QUIT* bzw. *BEENDEN* wieder hierher zurückzukehren. Sie können den Wegpunkt mit der Option `Verw.` über die *ENTER*-Taste zur Verwendung für die Route wählen.

Damit wären Sie zurück im Routen-Dialogfenster. Dort ist der neue Wegpunkt eingefügt und auch die Route hat einen Namen erhalten, der aus dem Wegpunkt abgeleitet wurde.

Nun geht es weiter wie oben mit `<Nä. Punkt wählen>`.

Wenn Sie keine Wegpunkte mehr hinzufügen wollen, können Sie mit `Karte` die Route auf der Kartenseite betrachten oder mit `Nav.Start` die Navigation beginnen.

Autobahn

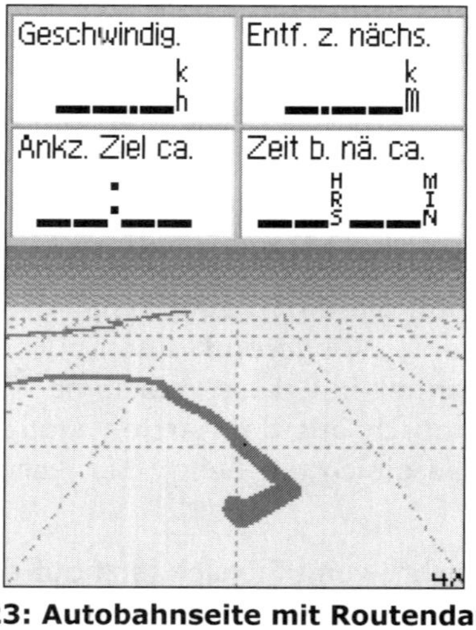

Abb. 11.23: Autobahnseite mit Routendarstellung

Die *Autobahnseite* liefert eine perspektivische Darstellung der Fahrtroute mit Hinweisen zum Abbiegen und mit Verweisen auf Querstraßen, wenn entsprechende Kartensoftware benutzt wird. Auch in dieser Darstellung kann mit den Tasten *IN/OUT* gezoomt werden.

Annäherung

Auf dieser Seite können Sie Wegpunkte mit einem Warnsignal versehen. Wenn Sie sich diesen Punkten dann bis auf den angegebenen Radius nähern, ertönt ein Warnsignal. Dazu müssen Sie aber auf dieser Seite `Annäherungsalarme` aktiviert haben. Unter `Hauptmenü / Einstellungen / Töne` können Sie verschiedene Signaltöne aktivieren und insbesondere dort ggf. die `Stummschaltung` herausnehmen.

Abb. 11.24: Seite für Annäherungswegpunkte

Die Wegpunkte können Sie hier wieder entweder mühsam eintippen oder Sie gehen runter auf die Leerzeile und drücken *ENTER*, um auf die *Wegpunktseite* zu kommen, wo Sie sich wie bei den Routen einen Wegpunkt aussuchen. Den Radius für den Annäherungsalarm können Sie dann hier individuell einstellen.

Kalender

Die *Kalenderseite* dient dazu, Wegpunkte einzutragen. Dies geschieht über die Optionen der Kalenderseite. Auch kann zwischen einer Tages-, Wochen- oder Monatsdarstellung gewählt werden.

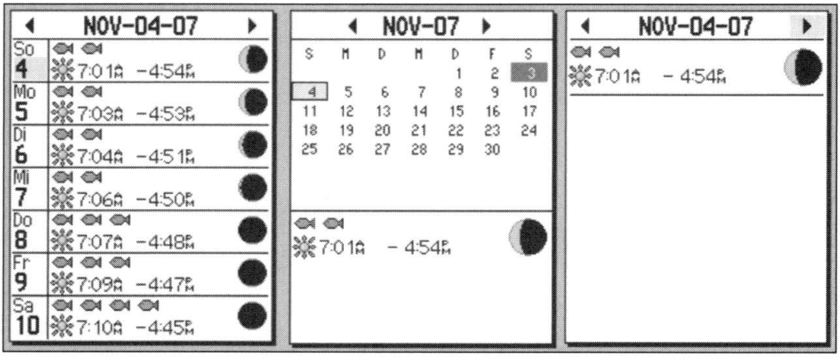

Abb. 11.25: Kalenderseite: Woche, Monat, Tag

Wecker, Rechner, Stoppuhr

Wo ein Computer eingebaut ist, dürfen natürlich Standardfunktionen wie Wecker, Taschenrechner und Stoppuhr nicht fehlen. Die Bedienung entspricht hierbei den üblichen Standards und erklärt sich aus den Bezeichnungen selbst.

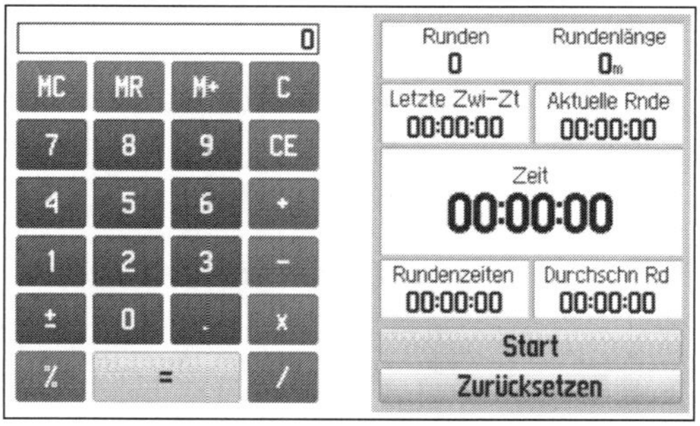

Abb. 11.26: Taschenrechner und Stoppuhr

Jagd

Für die Freunde von Jagd und Fischfang werden günstige Tageszeiten auf der *Jagdseite* berechnet. Sie können die Zeiten auch für ein anderes Datum und andere Orte berechnen lassen. Zur Ortsbestimmung können Sie auf die *Kartenseite* umschalten und mit Pfeilcursor und *WIPPTASTE* den Ort aussuchen.

Abb. 11.27: Beste Zeiten für Jagd und Fischfang

Finde

`Finde` ist beim *eTrex* eine der wichtigen Seiten im `Hauptmenü`. Deshalb gibt es auch die schnelle Möglichkeit, in dieses Menü mit einem langen Druck auf die Taste *MENU/FIND* zu kommen.

Abb. 11.28: Normales Suchmenü und bei Verwendung von Kartensoftware

Beim *GPSmap* ist diese Seite nicht im Hauptmenü enthalten, dafür kommen Sie aber direkt mit der Taste *FIND* dorthin. Dieses Menü zum Suchen verschiedenster Dinge enthält im Normalfall sechs Suchziele: `Wegpunkte`, `Geocache`, `Städte/Ort`, `Ausfahrten`, `Kürzl gefund.` und `Marine`. Wenn Sie aber eine Kartensoftware installiert haben, vervielfachen sich die Suchmöglichkeiten, wie Abbildung 11.28 zeigt. Unter `Kürzl gefund` finden Sie die letzten Suchergebnisse wieder.

Wegpunkt

Wenn Sie Wegpunkte suchen, kommen Sie mit `Finde / Wegpunkt` direkt in die *Wegpunktseite* hinein und erhalten die Möglichkeit zur Eingabe eines Wegpunktnamens Buchstabe für Buchstabe. Wenn Sie an dieser Stelle *QUIT* bzw. *BEENDEN* drücken, wird die komplette Wegpunktliste angezeigt, aus der Sie auswählen können. Nach Wahl eines Wegpunkts mit *ENTER* wird dieser wie in Abbildung 11.29 angezeigt. Sie können ihn mit `Goto` zum direkten Navigieren verwenden oder mit `Karte` auf der Kartenseite anzeigen lassen.

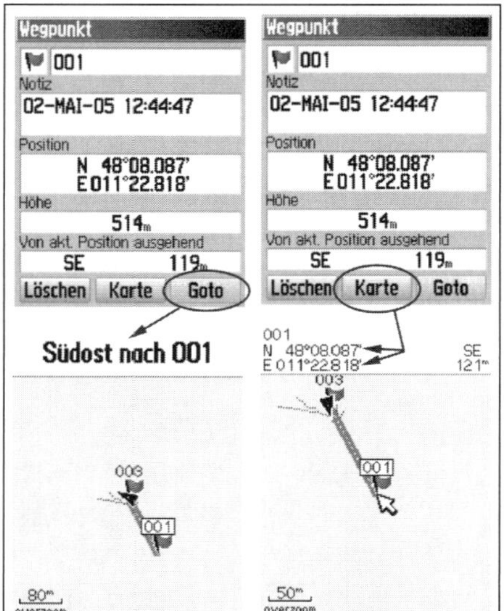

Abb. 11.29: Wegpunkt suchen

Geocache

Geocache-Positionen werden wie Wegpunkte gespeichert. Nur müssen sie mit den Symbolen abgespeichert werden, die Sie auf der Seite `Finde / Geocache` unter den Optionen als `Geocache Einstellung` eingestellt haben. Dann können Sie sie immer auf dieser Seite und nicht unter den normalen Wegpunkten finden.

Städte/Ort

Sie können nach Städten und Orten suchen. Wenn Sie die Suche hier direkt aufrufen, werden die nächstliegenden Orte in der Reihenfolge der *Entfernung* angezeigt. Vom jeweils markierten Ort werden die Himmelsrichtung und die Entfernung angezeigt.

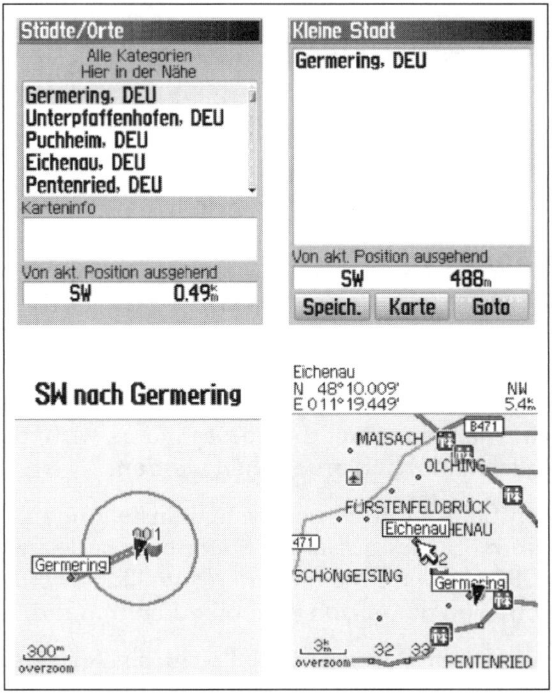

Abb. 11.30: Städte suchen, links Goto-Modus, rechts Karten-Modus

Sie können wieder `Goto` zum Navigieren oder `Karte` lediglich zur Ansicht auf der Kartenseite verwenden. Mit `Speich.` können Sie die Position als Wegpunkt speichern.

Anschlussstellen

Diese Funktion sucht nach den nächstliegenden Autobahnausfahrten oder -auffahrten. Es erscheint zunächst eine Liste der nächsten Ausfahrten mit Ortsangaben. Nach Auswahl einer Ausfahrt haben Sie wieder die Optionen `Speich.`, `Goto` oder `Karte`.

Abb. 11.31: Auffahrt suchen

Einstellungen

Natürlich haben so komplexe Geräte wie das *eTrex VISTA HCx* und das *GPSmap 60CSx* eine Unmenge an Einstellmöglichkeiten. Die meisten fabrikseitigen Einstellungen entsprechen aber dem normalen Gebrauch. Hier sollen nur einige besonders wichtige Einstellungen und Möglichkeiten hervorgehoben werden.

Auf der ersten Seite geht es um Systemeinstellungen. Es gibt drei GPS-Modi: *Normal*, *GPS aus* und *Vorführmodus*. Der *Vorführmodus* schaltet das GPS aus und simuliert einen Satellitenempfang, um GPS-Demonstrationen an der letzten Position durchführen zu können.

Bei den Anzeigeeinstellungen ist vielleicht als Anzeigemodus eine automatische Tag-Nacht-Umschaltung interessant, wenn Sie im Freien navigieren. Die Beleuchtung kann für verschiedene Zeitintervalle eingeschaltet werden, mit `Bleibt an` aber auch auf Dauer.

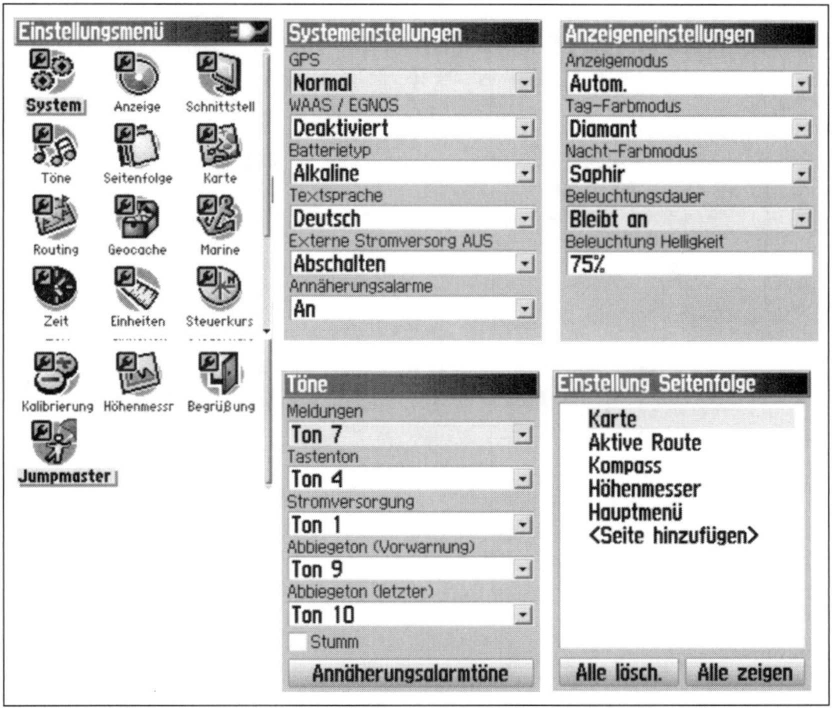

Abb. 11.32: Einstellungen für System, Anzeige, Töne und Seitenfolge

Unterschiedliche Töne können für verschiedene Anlässe aktiviert werden. Man achte aber auch darauf, dass die Töne hier nicht stumm geschaltet bleiben.

Unter der `Seitenfolge` können Seiten aus dem `Hauptmenü` in die normale Seitenfolge eingebaut werden. Diese Seiten werden dann aus dem `Hauptmenü` entfernt.

Etliche Einstellungen betreffen die *Kartenseite*. Sie verteilen sich insgesamt auf sechs Unterseiten. Unter `Karteneinstellung - allgemein` geht es zuerst um die generelle Gestaltung. Insbesondere die `Ausrichtung` der Kartenseite ist wichtig. Für das normale Navigieren wäre die `Ausrichtung` *Fahrtrichtung* sinnvoll. Für die Arbeit mit der Karte aus Papier wäre dagegen *Genordet* besser geeignet.

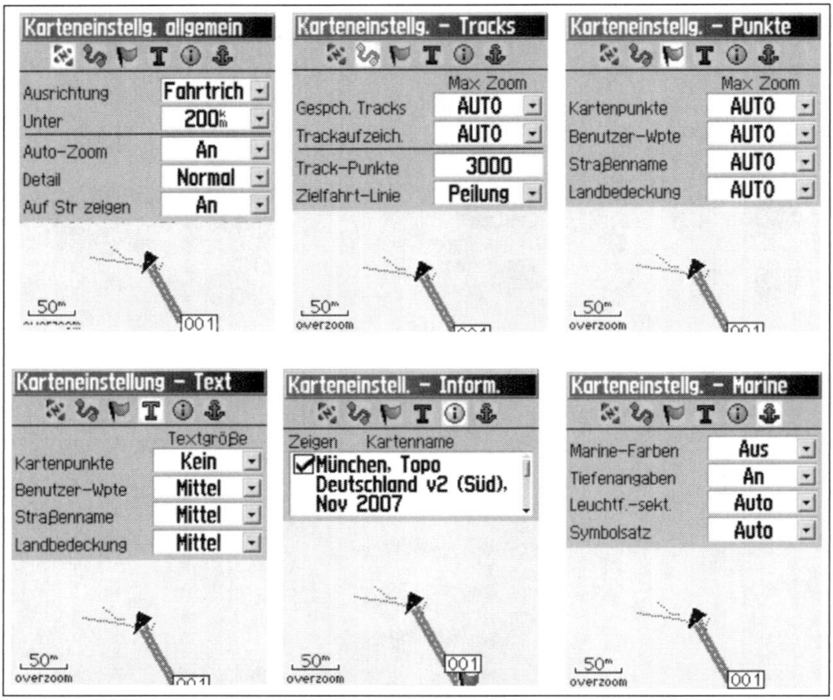

Abb. 11.33: Einstellungen für die Kartenseite

Für `Karteneinstellung – Track` sind die normalen Einstellungen oben gezeigt. Bei großen Tracks können bis zu 10.000 Punkten gespeichert werden. Unter der `Zielfahrt-Linie` wäre *Peilung* die Einstellung, die Sie immer in gerader Linie zum nächsten Zielpunkt weiterführt. Bei der Einstellung *Kurs* wird der vorgegebene Kurs eingehalten, also immer auf dem Track bzw. auf der Route navigiert, ggf. folgen Sie damit auch parallel. Bei `Karteneinstellung – Punkte` und `Karteneinstellung – Text` sind oben Standard-Einstellungen gezeigt. Unter `Karteneinstellung – Information` sehen Sie die geladenen Karten. Hier könnten Sie überflüssige löschen.

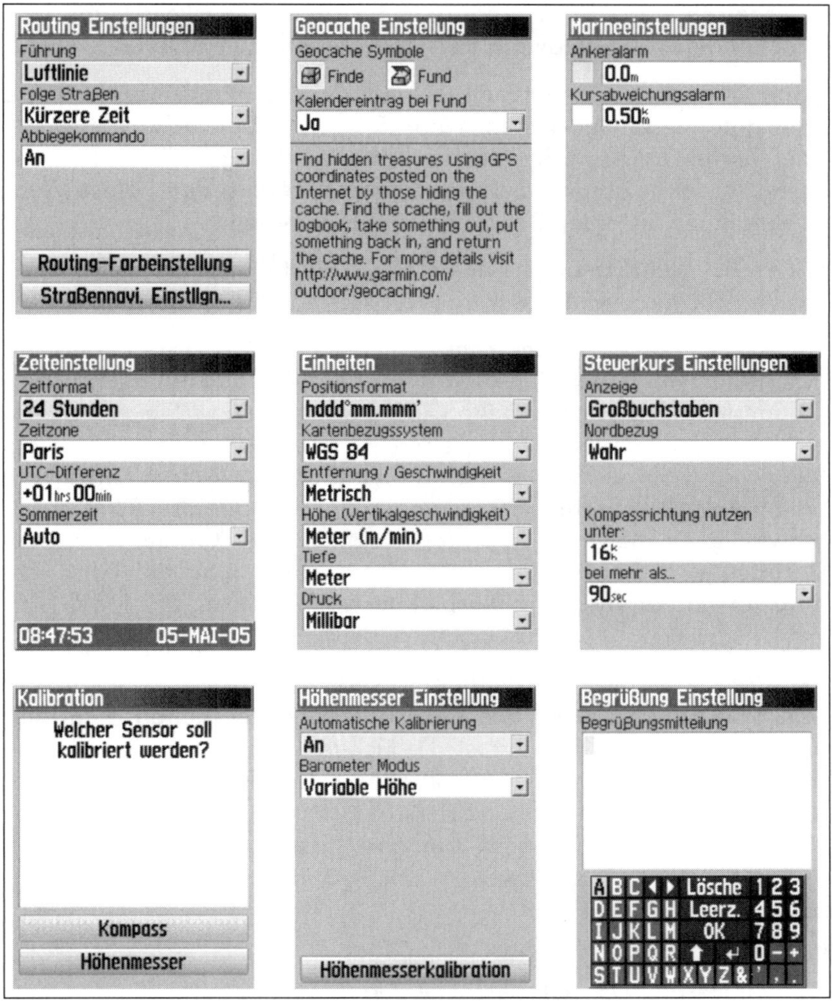

Abb. 11.34: Weitere Einstellungen

Unter `Routing Einstellungen` können verschiedene Führungsprinzipien vereinbart werden wie *Luftlinie*, *Folge Straße* oder *Bestätigen*. Letzteres gibt Ihnen später während der Navigation die Wahlmöglichkeit. *Folge Straße* ist die geeignete Einstellung für die PKW-Navigation entlang den in der Karte vorhandenen Straßen. Hierbei kann noch zwischen den Kriterien *Kürzere Zeit* oder *Kürzere Strecke* gewählt werden. Für die Routen-Navigation ist hier *Luftlinie* zu wählen.

Unter `Geocache Einstellung` wählen Sie die Symbole für versteckte oder gefundene Geocaches. Wenn Sie einen Geocache verstecken oder finden, müssen Sie dem betreffenden Wegpunkt diese Symbole zuordnen. Aufgrund dieser Symbole werden dann diese Wegpunkte in die Liste der Geocaches aufgenommen.

Wichtig ist natürlich unter `Einheiten` die Einstellung für das benutzte Positionsformat und das Kartenbezugssystem (Kartendatum).

Unter `Steuerkurs Einstellungen` wäre noch der `Nordbezug` anzugeben: *Wahr*, wenn Sie mit der geografischen Nordrichtung in Zusammenarbeit mit Karten arbeiten, *Magnetisch*, wenn Sie mit einem nicht auf Missweisung korrigierten Kompass arbeiten. Auf dieser Seite sehen Sie auch, wie die Kompassrichtung ermittelt wird. Sobald man sich länger als 90 Sekunden mit weniger als 16 km/h Geschwindigkeit bewegt, wird der elektronische Kompass benutzt. Darüber wird die GPS-Information zur Berechnung der Nordrichtung verwendet, also zum Beispiel beim Autofahren.

Unter `Kalibration` können Sie Kompass und Höhenmesser einstellen. Zur Einstellung des Höhenmessers sollten Sie an einem Ort sein, von dem Sie die Höhe präzise kennen. Sie geben dann hier diese Höhe ein, und damit ist die Eichung geschehen. Sie können aber auch mit der per GPS ermittelten Höhe arbeiten. Die ist aber nicht immer so sehr genau. Zur Kompasseichung müssen Sie nach Aufforderung den Kompass zunächst absolut waagerecht halten und dann in der Ebene zweimal um 360° drehen, aber ganz langsam!

Unter `Höhenmesser Einstellung` bestimmen Sie das Verhalten des Höhenmessers. Die `Automatische Kalibrierung` sorgt für eine Anpassung an GPS-Messdaten während der Wanderung. Hier wird normalerweise *An* eingestellt. Der `Barometer-Modus` gibt an, ob Sie normal im Höhenmesser-Modus beim Bergsteigen arbeiten wollen – *Variable Höhe* einstellen – oder ob Sie beim Verweilen in konstanter Höhe (zum Beispiel beim Übernachten) das Wetter verfolgen wollen – *Feste Höhe* einstellen.

12 Verwendung von MapSource-Kartensoftware

Ziel des Kapitels

- Es wird die *MapSource*-Kartensoftware *TOPO DEUTSCHLAND SÜD* von *Garmin* installiert und zur Aufbereitung von Routen und Wegpunkten benutzt.

Schritte zum Erfolg

- Die Kartensoftware wird installiert.
- Die Bedienung der Kartensoftware wird demonstriert.
- Es werden Routen und Wegpunkte erstellt.
- Die Daten werden direkt an das *eTrex VISTA HCx* übertragen.

Verwalten von Wegpunkten, Routen und Tracks mit eTrex und GPSmap

Wegpunkte, Routen und Tracks können über das Hauptmenü des *eTrex VISTA C* verwaltet werden. Das Hauptmenü findet man beim Durchblättern der Seitenfolge mit der Taste *QUIT*.

Wegpunkte auswählen

Bei beiden Geräten finden Sie die Wegpunktliste unter `Hauptmenü / Finde / Wegpunkte`. Ein schneller Weg ins Menü `FINDE` ist beim *eTrex VISTA HCx* ein langer Druck auf die Taste *MENU/FIND*. Dann klicken Sie mit *WIPPTASTE/ENTER* im `FINDE`-Menü auf `Wegpunkte`. Beim *GPSmap 60CSx* kommen Sie einfach nach einem Druck auf die Taste *FIND* auf die Seite `FINDE`.

An dieser Stelle werden Sie zwar zur Eingabe eines neuen Wegpunktnamens aufgefordert, aber wenn Sie mit *QUIT* antworten, zeigt sich die Wegpunktliste. Mit der *WIPPTASTE* gehen Sie nun zum gewünschten Wegpunkt und wählen ihn mit *ENTER* aus.

Der ausgewählte Wegpunkt kann nun mit den Optionen `Löschen / Karte / Goto` gelöscht, angezeigt oder zum Navigieren verwendet werden.

Wegpunkt eingeben

Sie können die aktuelle Position als Wegpunkt eingeben, indem Sie lange auf die *ENTER*-Taste (*eTrex*) oder *MARK*-Taste (*GPSmap*) drücken. Es erscheint die Wegpunktmaske mit einer neuen Wegpunktnummer und den aktuellen Koordinaten. Sie können natürlich Änderungen am Wegpunktsymbol, am Namen oder gar an den Koordinaten vornehmen. Mit der Option `OK` speichern Sie dann den neuen Wegpunkt ab. Mit der Funktion `MITTELN` können Sie eine genauere Ortbestimmung vornehmen, indem Sie automatisch mehrere Messungen ausführen lassen.

Alternativ können Sie auch eine Position von der Kartenseite als Wegpunkt eingeben, die Sie mit dem Kartencursor, dem weißen Pfeil, markiert haben. Wenn Sie den Kartencursor *auf ein Kartenobjekt* wie einen Weg, Ort oder eine Straße gesetzt haben und kurz auf die *ENTER*-Taste (*eTrex*) oder *MARK*-Taste (*GPSmap*) drücken, erscheint eine Maske mit dem Namen dieses Objekts. Aus diesem Dialogfenster können Sie mit der Option `Speichern` in das Wegpunkt-Dialogfenster wechseln. Sie können für den Wegpunkt den vorgeschlagenen Namen übernehmen oder einen eigenen vergeben.

Wenn Sie mit dem Kartencursor an eine beliebige Stelle der Karte gehen, wo keine Kartenobjekte liegen, und lange auf die *ENTER*-Taste drücken, erscheint die Meldung `Keine Karteninformation an diesem Punkt. Wollen Sie hier einen Anwenderwegpunkt anlegen?` Diese Meldung können Sie mit `Ja` quittieren und haben damit auch einen neuen Wegpunkt, der als Vorschlag eine einfache Nummer erhält.

Verwalten von Routen und Tracks

Die Verwaltung der Routen geschieht über das *Hauptmenü* und die dortigen Seiten für *Routen* und *Tracks*, die im vorangegangenen Kapitel bereits beschrieben wurden.

Arbeiten mit MapSource-CDs

Installation

Bevor Sie die *MapSource*-Kartensoftware installieren, sollten Sie die CD mit dem *Trip & Waypoint Manager* installieren. Er stellt das Basisprogramm dar, unter dem die einzelnen Kartensoftware-Pakete installiert werden können. Er installiert eigentlich auch den USB-Treiber für den GPS-Anschluss. Mit dem *Trip & Waypoint Manager* erhalten Sie eine Basiskarte der Welt mit den wichtigsten Städten und Straßenverbindungen. Sie können damit schon Ihre Wegpunkte, Tracks und Routen vom GPS auf den PC übertragen.

Wenn Sie aber die erste USB-Verbindung (USB 2.0, keine USB-1.1-Verbindung!) aufnehmen, sollten Sie noch mal die *Trip & Waypoint Manager*-CD bereithalten. Es kann sein, dass der PC dann die Treiber auf der CD suchen will.

Die Installation der MapSource-CDs startet automatisch. Sollte sie das nicht tun, dann gehen Sie auf Ihrem PC links unten auf `Start / Ausführen` und geben dort ein: `D:\Setup.exe` und klicken auf `OK`. Es erscheinen nun Fenster mit den Lizenzverträgen, die Sie durchlesen sollten. Wenn Sie nach dem Durchlesen das Ende der Lizenzdatei erreicht haben, die Fenster-Rollbalken also ganz unten sind, können Sie `Akzeptieren` anklicken. Sie werden danach aufgefordert, einen *Aktivierungscode* einzugeben. Dieser ist im Deckel der CD-Verpackung eingeklebt.

Zum endgültigen Freischalten der Karten sollten Sie eine Internet-Verbindung aktiviert haben. Es ist eine zusätzliche Registrierung unter dem Menü `Dienstprogramme / Karte freischalten` übers Internet nötig. Sie sichert Ihnen die Möglichkeit zu, später Updates zu erhalten. Außerdem ist bei der Registrierung die *Gerätekennung* Ihres GPS-Gerätes anzugeben, damit Sie berechtigt sind, dieses GPS-Gerät mit Kartendaten zu versorgen. Diese Gerätekennung finden Sie unter *MapSource* über den Menüpunkt `Dienstprogramme / Gerätekennung abrufen`. Sie brauchen die Kennung nicht einzutippen, sondern können sie vom verbundenen Gerät abrufen lassen. Nach dieser Registrierung erhalten Sie einen 25-stelligen Freischaltcode.

Es gibt verschiedene Kartenwerke unter MapSource. Für das Wandern und Radfahren dürfte das Kartenwerk TOPO DEUTSCHLAND am geeignetsten sein. Es ist ein Kartenwerk im Vektor-Grafik-Format. Das bedeutet, dass die Daten in Form von Polygonzügen gespeichert sind und nicht in Form vieler kleiner Rasterpunkte wie bei vielen anderen Kartenwerken. Dieses Dateiformat geht sehr sparsam mit Speicherplatz um und ist deshalb auch geeignet für das Hinunterladen ins GPS. Die Geräte *eTrex VISTA HCx* oder *GPSmap 60CSx* verfügen mit ihren Speicherkarten über genügend Platz, um zum Beispiel große Wandergebiete der deutschen Alpen zu speichern. Die microSD-Speicherkarte ist beim *GPSmap 60CSx* im Lieferumfang enthalten, für das *eTrex VISTA HCx* müssen Sie sich eine Speicherkarte dazukaufen.

Karten ins GPS übertragen

Nachdem Sie das GPS angeschlossen und die Karten freigeschaltet haben, können Sie ausgewählte Kartensegmente übertragen. Falls Sie jetzt unter *MapSource* noch keine GPS-Details sehen, wählen Sie die Funktion `Ansicht / GPS-Kartendetails einblenden`. Stellen Sie den Darstellungsmaßstab etwa auf `30 km` ein. Dann klicken Sie die Kartensegmente an, die Sie im GPS brauchen, und wählen das Menü `Übertragen / An Gerät senden`. *MapSource* wird Ihr GPS lokalisieren und die Kartendaten übertragen.

Kartenarbeit

Das Startbild der Kartensoftware ist in Abbildung 12.1 zu sehen. Sie erkennen das Rastermuster innerhalb des Gebiets von Deutschland. Das sind die Einzelkarten, von denen mehrere zugleich ins *VISTA C* geladen werden können.

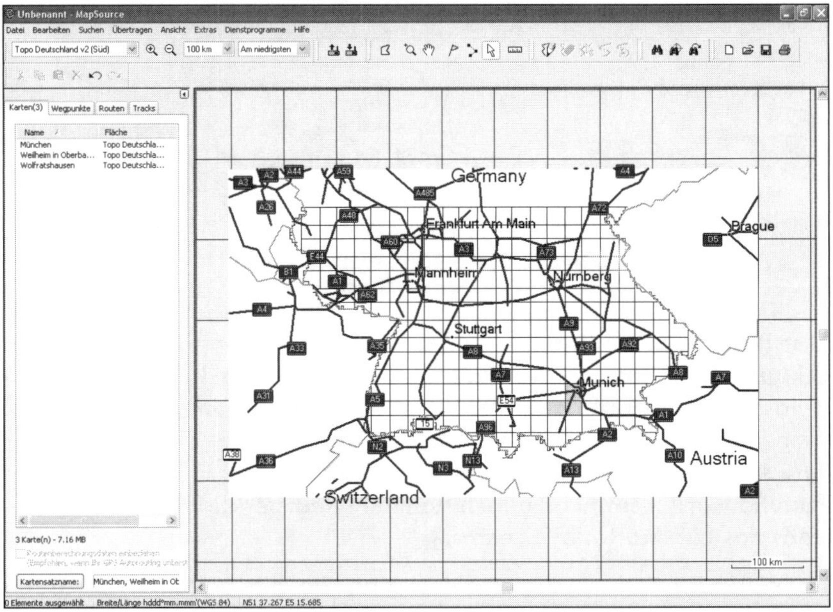

Abb. 12.1: Übersicht über die Karten der TOPO DEUTSCHLAND SÜD (©Garmin GmbH)

Die Auswahl der Karten geschieht mit dem Werkzeug, das in Abbildung 12.2 gezeigt ist. Sie können die Kartensegmente über eine Box aussuchen, die Sie mit gedrückter Maustaste aufziehen. Weitere Kartensegmente können Sie durch Hineinklicken dazuwählen oder auch abwählen. Die gewählten Kartensegmente werden rosa unterlegt angezeigt. Ihre Namen erscheinen dann auch auf der linken Seite im Register `Karten`. Wenn Sie eine neue Auswahl treffen wollen, können Sie über `Datei / Neu` von vorn beginnen. Alle Auswahlen und auch später erzeugte Wegpunkte, Routen und übertragene Tracks werden auf der linken Seite in den Registerkarten verwaltet. Sie können diese Registerkarten in Dateien sichern, die die Endung **.mps* tragen (für ***MapSource***). Damit kann Ihre Arbeit gesichert werden.

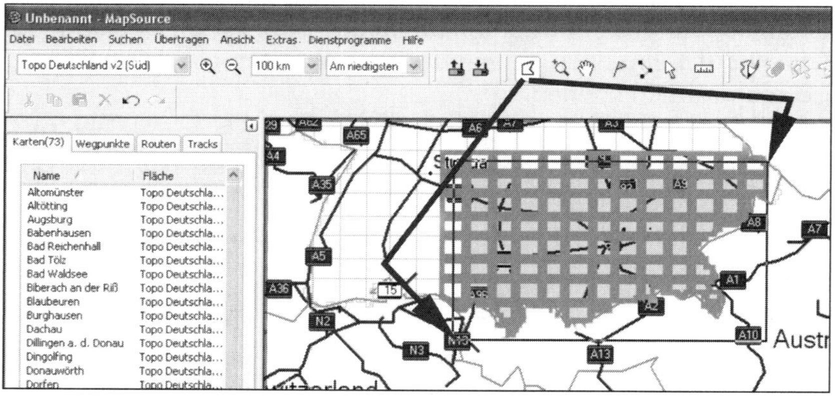

Abb. 12.2: Auswahl des interessierenden Kartenbereichs (©Garmin GmbH)

Das Programm verfügt über sechs Werkzeugkästen mit meist selbsterklärenden Kommentaren. Sie sind in Abbildung 12.3 zusammengefasst. Der Werkzeugkasten `Datei` umfasst die bei allen Programmen üblichen Funktionen `Neu`, `Öffnen` und `Speichern` der Anwenderdaten in Dateien des Typs **.mps*. Zu beachten ist, dass die Funktion `Drucken` nicht den Inhalt der Registerkarten druckt, sondern das Landkartenbild rechts.

Im Werkzeugkasten `Übertragen` finden Sie die beiden Werkzeuge zum Übertragen von Daten vom/zum GPS. Das Programm sucht selbst nach dem GPS.

Der Werkzeugkasten `Bearbeiten` wird zur Arbeit mit der *Zwischenablage* benutzt wie bei anderen Programmen auch.

Im Werkzeugkasten `Ansicht` können Sie bei mehreren verschiedenen installierten *MapSource*-Kartenwerken zwischen diesen wählen. Außerdem können Sie hier die Karte vergrößern und verkleinern oder einen Maßstab auswählen. Ganz rechts findet sich ein Werkzeug zur Auswahl der Detaillierung.

Im Werkzeugkasten `Suchen` liegen einige nützliche Suchfunktionen.

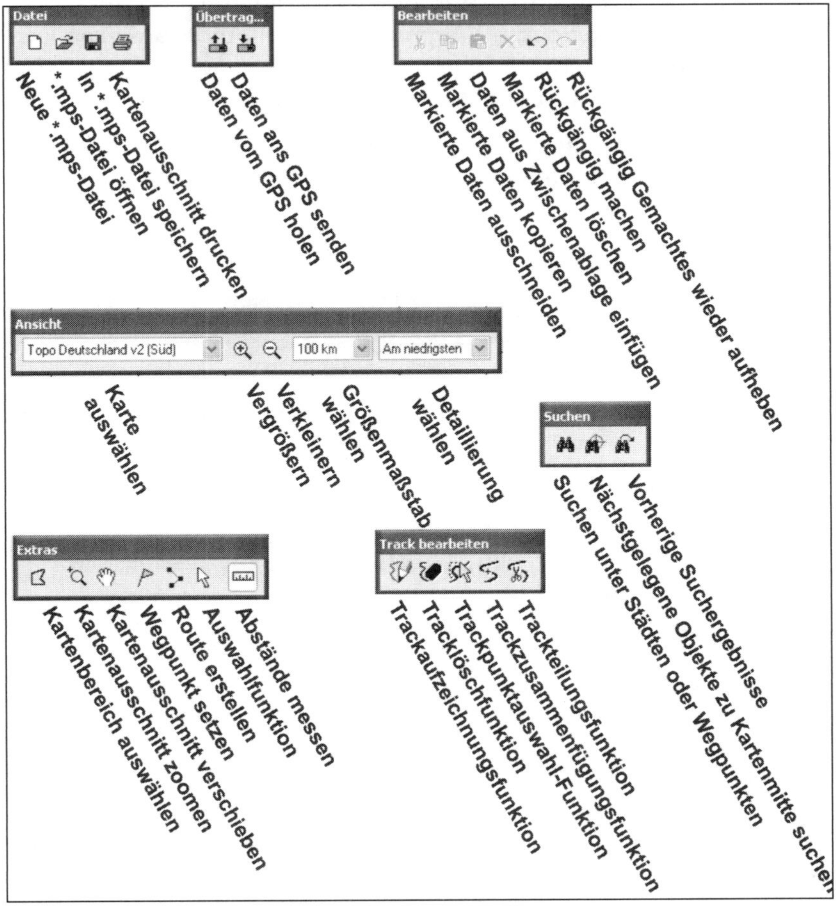

Abb. 12.3: Werkzeugkästen der *MapSource*-Software

Für die eigentliche Kartenarbeit wird der Werkzeugkasten `Extras` interessant. Er enthält zuerst eine Funktion zur *Kartenauswahl*, die anfangs schon gezeigt wurde. Dann folgt eine dynamische *Zoom*-Funktion, mit der Sie ein Vergrößerungsfenster aufziehen können. Daneben liegt eine Funktion zum *Verschieben* der Karte.

Darauf folgen die Werkzeuge zum Setzen von *Wegpunkten* und zum Zeichnen von *Routen*.

Die nächste Funktion mit dem Pfeilsymbol nennt sich *Auswahlfunktion*. Damit können Sie Kartenobjekte wie Straßen oder Wege und Bäche anklicken und ihre Daten erfahren. Die Funktion dient aber auch dazu, selbst erzeugte Wegpunkte oder Routen auszuwählen, durch Klick oder durch Aufziehen eines Fensters. Solche Dinge können dann beispielsweise mit der Taste *Entf* gelöscht werden.

Die letzte Funktion dient zum Abmessen von Entfernungen entlang eines oder mehrerer Liniensegmente.

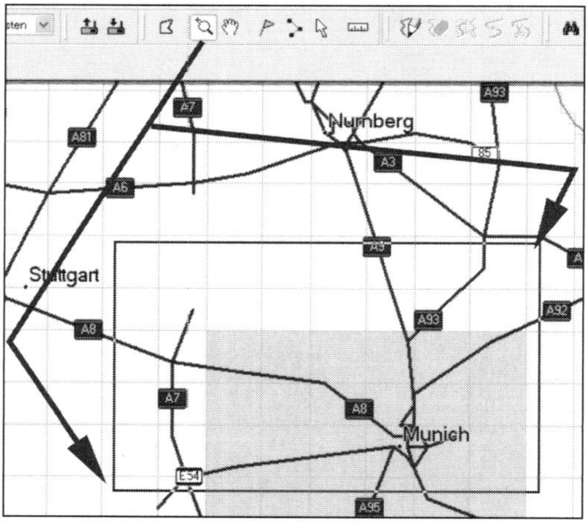

Abb. 12.4: Zoomen in MapSource-Karte (©Garmin GmbH)

Route erstellen

Die Erstellung von Routen erfolgt mit dem oben beschriebenen Werkzeug durch Nachzeichnen in der Geländedarstellung. Dabei wirkt ein Mechanismus, der die Routenpunkte bevorzugt an Kartenobjekten einrasten lässt. Sie müssen also oft darauf achten, dass Sie auch auf dem Weg einrasten und nicht im Bach landen oder bei einer daneben liegenden Höhenlinie. Gegebenenfalls müssen Sie stark genug vergrößern. Die Route wird durch Klick mit der rechten Maustaste und Wahl der Option `Abbrechen` beendet.

Die erstellten Routen werden auf der linken Seite im Register `Routen` verwaltet.

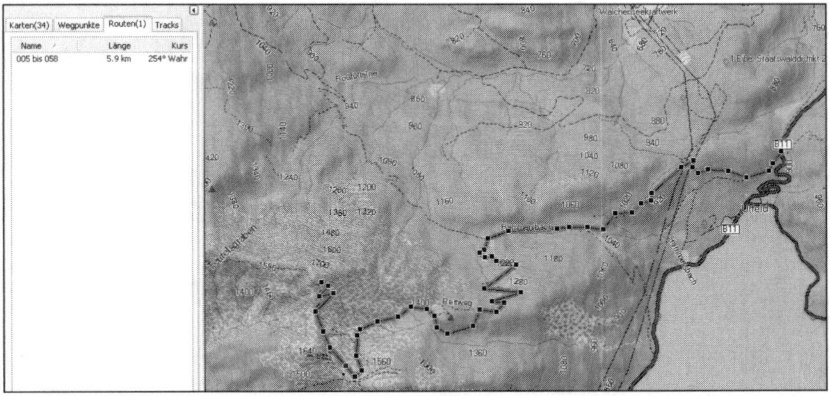

Abb. 12.5: Routenerstellung (©Garmin GmbH)

Wegpunkt erstellen

Die Erstellung der Wegpunkte geschieht mit dem Werkzeug `Wegpunkt setzen` aus dem Werkzeugkasten `Funktionen`. Wenn Sie eine Position im Gelände oder auf einer Straße anklicken, wird automatisch ein Wegpunktname generiert. Er besteht entweder aus einer einfachen fortlaufenden Nummer oder geht aus der Straßennummer hervor. Wenn Sie aus Berggipfeln Wegpunkte machen, werden daraus abgekürzte Namen generiert. Auch hierbei ist wieder das automatische Einrasten an Kartenobjekten sehr nützlich (siehe Abbildung 12.6).

Wenn Sie einen existierenden Wegpunkt im Register `Wegpunkte` mit der rechten Maustaste anklicken, können Sie über ein Menü die `Eigenschaften` anzeigen lassen. Damit können Sie insbesondere eine Funktion zur Anzeige in der Karte aktivieren (siehe Abbildung 12.7).

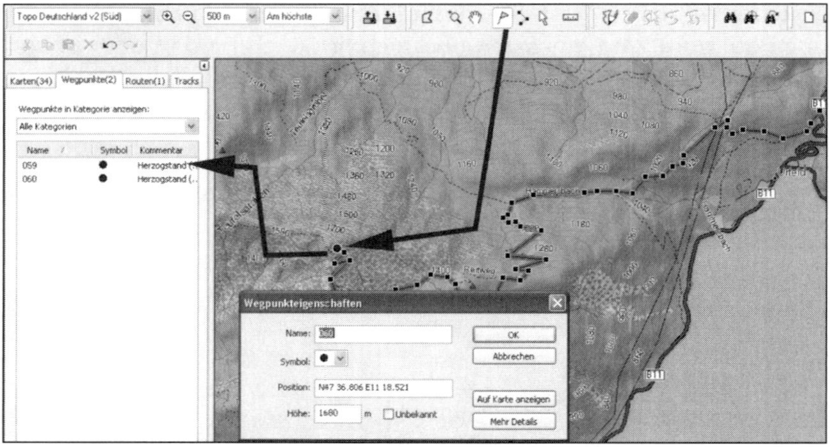

Abb. 12.6: Wegpunkt für Berggipfel automatisch erstellen (©Garmin GmbH)

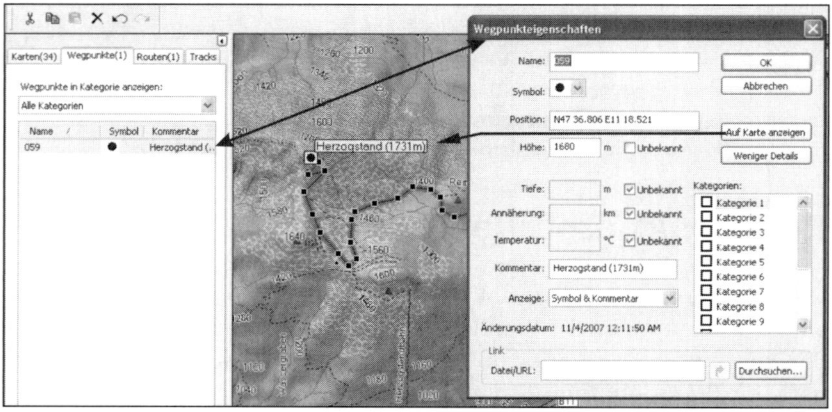

Abb. 12.7: Wegpunkt-Eigenschaften (©Garmin GmbH)

Eine interessante Funktion ist `Nächstgelegene Objekte zu Kartenmitte suchen` aus dem Werkzeugkasten `Ansicht`.

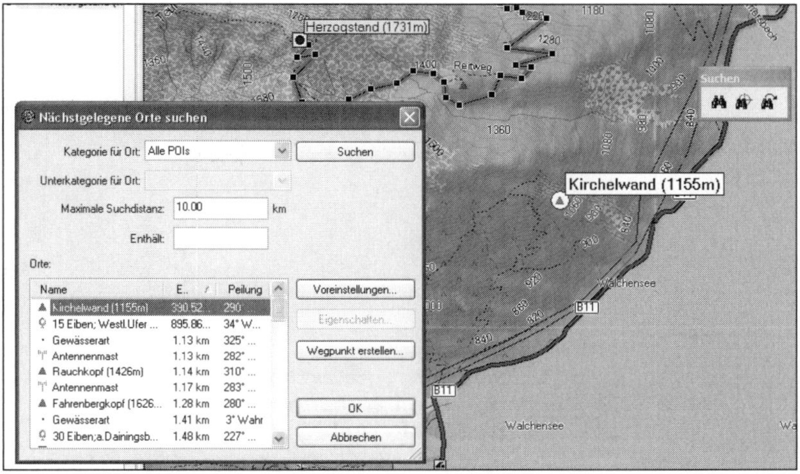

Abb. 12.8: Suchen nach Objekten von Kartenmitte aus (©Garmin GmbH)

Damit gelingt es beispielsweise bei geeigneter Zentrierung der Karte, alle interessanten Berggipfel für die nächste Sonntagswanderung automatisch zu suchen. Man kann das noch etwas weiter spinnen und daraus dann gleich Wegpunkte machen lassen, die ins GPS übertragen werden. Auf der Wanderung kann man diese Wegpunkte dann zum Peilen verwenden und damit die Gipfel lokalieren.

Daten zum GPS übertragen

Sie können alle in den Registern links gespeicherten Daten, also Kartensegmente, Wegpunkte, Routen und Tracks (hier: Pfade), mit dem Werkzeug im Werkzeugkasten `Übertragen` übertragen. Notfalls können Sie im Übertragungsdialogfenster noch einschränken, wenn Sie beispielsweise Wegpunkte und Routen und keine anderen Daten übertragen möchten.

Abb. 12.9: Übertragen von Wegpunkten und Routen (©Garmin GmbH)

Wichtig ist, dass Sie beim Übertragen an die Speicherbegrenzungen des Geräts denken. Die Größe der Karten wird Ihnen im Registerfeld ja angezeigt. Gegebenenfalls müssen Sie das Registerfeld etwas weiter aufziehen. Bei den Routen wird die Anzahl der Punkte in einer Spalte `Zwischenziele` angegeben. Wenn Sie Tracks mit den entsprechenden Werkzeugen erzeugt haben, werden die Punkte in einer extra Spalte aufgeführt. Die Begrenzungen des *eTrex VISTA HCx* sind folgende:

- Kartenspeicher: je nach verwendeter microSD-Karte: bis zu 2 GB
- Aktueller Track: 10.000 Punkte
- Gespeicherte Tracks: 20 zu je 500 Punkten
- Wegpunkte: 500
- Routen: 50 zu je 125 Wegpunkten

Die Karten von *TOPO DEUTSCHLAND SÜD* haben insgesamt einen Umfang von ca. 700 MB. Die mitgelieferte Speicherkarte beim *GPSmap 60CSx* bietet 64 MB Platz. Maximal sind microSD-Speicherkarten bis 2 GB möglich. Darauf hätten also etwa die Karten von ganz Deutschland Platz. Entsprechend wären auch alle Wanderungen abgedeckt, die man von München aus in den deutschen Alpen so normal geht. Beachtlich ist auch der Kartenmaßstab, denn die *TOPO*

DEUTSCHLAND basiert auf Kartenwerken mit einem Maßstab von 1:25000. Sie bietet also sehr viele Details.

Die Technik und ihre Beschränkungen

Ich hoffe, dass Sie als Leser einen Eindruck von den faszinierenden technischen Möglichkeiten bekommen haben, die moderne Ausrüstung mit GPS und auch entsprechende ergänzende Computer-Software heutzutage bieten. Vergessen Sie aber bitte nie, wie sehr man im Notfall auch von dieser Technik abhängen kann, und vergessen Sie nicht die nötigen Reservebatterien (Typ AAA fürs *Geko* und Typ AA für *eTrex* und *GPSmap*). Berücksichtigen Sie auch immer die angegebenen Ungenauigkeiten der GPS-Messungen. Es bleibt einem nicht erspart, auch noch vor die Füße zu schauen. In diesem Sinne: Erfolgreiche Touren!

Index

Z

bhv foto PRAXIS

Helmut Neumann
2., überarbeitete Auflage
240 Seiten

Canon Digital IXUS

Gewusst wie – perfekte Fotos mit Ihrer Canon Digital IXUS

Der letzte Schliff – Bilder am PC bearbeiten und optimieren

Fotos rund um die Uhr – Bilder speichern und selbst ausdrucken

- ✗ **Die IXUS-Familie:**
  Überblick und technische Grundlagen
- ✗ **Die Kamera im Griff:**
  Bedienungselemente, Aufnahme und Wiedergabe, Zoom, Menüführung, Auslöser, Einstellungen, Pflege
- ✗ **Bitte lächeln:**
  Grundregeln, Lichtverhältnisse, Menschen, Tiere, Landschaften, Panoramen, Architektur, Serienbilder
- ✗ **Nützliches Zubehör:**
  Schutz der Kamera, Akkus, Speicher, externer Blitz, Stativ
- ✗ **Schönheitskorrekturen am PC:**
  Bilder auf den PC übertragen, bearbeiten und optimieren
- ✗ **Bilder rund um die Uhr:**
  Fotos drucken, präsentieren und archivieren

ISBN 978-3-8266-7474-7

Redline GmbH • Im Weiher 10 • D-69121 Heidelberg • Fax: 08191 97000-560 • http://www.vmi-Buch.de

(D) **€11,95**